Jordi Sierra i Fabra

LA MEMORIA DE LOS SERES PERDIDOS

Edición a cargo de: Javier Navarro
Ilustraciones: Karen Borch

EASY READERS · ER · LECTURAS FÁCILES

EDICIÓN SIMPLIFICADA PARA USO ESCOLAR Y AUTOESTUDIO

Esta edición, cuyo vocabulario se ha elegido entre las palabras españolas más usadas (según CENTRALA ORDFÖRRÅDET I SPANSKAN de Gorosch, Pontoppidan-Sjövall y el VOCABULARIO BÁSICO de Arias, Pallares, Alegre), ha sido resumida y simplificada para satisfacer las necesidades de los estudiantes de español con unos conocimientos un poco avanzados del idioma.
El vocabulario ha sido seleccionado también de los libros de texto escolares "Línea", "Encuentros" y "Puente", comparado con "Camino" y "Un nivel umbral" del Consejo de Europa.

La memoria de los seres perdidos
Diseño de cubierta: Mette Plesner
Foto: Gabi Dilly/Westend61/Corbis/All Over Press, Eduardo Longoni/Corbis/All Over Press

Editora: Ulla Malmmose

ISBN Dinamarca 978-87-23-51241-3
www.easyreaders.eu
The CEFR levels stated on the back of the book are approximate levels.

Easy Readers
EGMONT

Impreso en Dinamarca

BIOGRAFÍA

Jordi Sierra i Fabra nació en Barcelona en 1947. Se puede decir de él que ha pasado media vida escribiendo, pues es autor de más de trescientos libros, sobre todo de literatura infantil y juvenil, así como de la historia del rock.

Ha recibido gran número de premios, como el Gran Angular de literatura juvenil en tres ocasiones, y sus novelas son lectura habitual en los centros de enseñanza de España. Muchas de sus obras se han llevado al cine y la televisión, y han sido traducidas a numerosos idiomas.

La novela que tienes en tus manos, "La memoria de los seres perdidos", se publicó en 1998, primero en catalán. A mediados de los años ochenta, Sierra i Fabra se había ocupado del tema de los desaparecidos en Argentina. Durante años quiso escribir esta novela, pero esperó hasta que su protagonista pudiese ser una adolescente o una joven. Ahora los lectores agradecemos esta espera: el resultado es una novela juvenil excepcional, una de las mejores del autor.

Primera parte

LUNA LLENA

1

Era la hora.

El gran momento.

Estela salió de su habituación y fue por el pasillo de la casa para abrir la puerta. Alexandra la miró desde su habitación. Por detrás, en la sala, se escuchó el movimiento de sus padres.

Estela se paró un instante para ver su aspecto en un espejo. No hizo nada. Ya no era necesario. En realidad jamás se había sentido más hermosa. Sonrió. Finalmente abrió la puerta y vio a Miguel.

Los dos se miraron. Los dos sonrieron.

Y después se besaron.

-Hola -dijo él.

-Hola -dijo ella.

-¿Qué tal?

-Bien.

mejilla

Miguel entró y ella cerró la puerta. Le cogió una mano. En la otra Miguel llevaba un regalo. La primera en aparecer, cómo no, fue Alexandra.

-Alexandra... -la presentó la hermana mayor.

-¡Hola, *cuñado*! -le saludó ella y le besó en las *mejillas*.

cuñado, hombre con el que está casada la hermana; marido de la hermana

La sonrisa de Alexandra era feliz. Como para cualquier adolescente, el amor es algo fantástico y mágico, Lo-más-importante-del-mundo. Miguel ya la conocía por los comentarios de Estela, así que estaba preparado. Él también sonrió.

Alexandra miró a su hermana.

-No sé por qué me dijiste que era feo. A mí me parece bastante bien.

-¡Oh, cielos! -dijo Estela sin enfadarse por la *broma*.

-Venga, vamos -dijo Alexandra-, que quiero ver qué dicen.

Alexandra se puso entre los dos, los cogió del brazo y los llevó hacia la sala. Armando Lavalle estaba de pie en mitad de la habitación. La madre, Petra, junto a la mesa ya preparada para la cena. La primera cena.

Estela quería a todas las personas que se encontraban en la sala en ese instante. De muy distintas formas, pero las quería. Eran su mundo, su familia y, Miguel, por supuesto, también su futuro. Todo estaba allí.

-Papá, mamá -dijo seria-, éste es Miguel.

Los dos hombres se dieron la mano, con fuerza, mirándose a los ojos. La seriedad del padre de Estela no hizo que Miguel sonriera menos. Después Miguel fue hacia la madre de la novia, a la que besó en las mejillas.

-Señora...

La cara de Petra Puigbó mostró una sonrisa tranquila e inmediatamente después miró a su hija mayor. Fue una mirada rápida, pero tenía todo un universo de *aprobaciones*. Después dijo con palabras que eran más que un saludo, que significaban paz y aceptación.

broma, hacer o decir algo para divertirse, para reír
aprobación, aprobar algo es decir que está bien

-Bienvenido a esta casa, hijo.

-He traído esto. He pensado que para celebrar el momento...

Le entregó el regalo. La mujer lo abrió y vio un *cava Gran Reserva*. Mientras lo hacía, Miguel sintió que Armando Lavalle le estaba mirando. El hombre todavía no había hablado. Estela tenía razón: impresionaba bastante. Y no por ser el padre de la mujer que amaba, sino por su estatura, sus ojos, su seriedad. Estela lo había definido como un "hombre de silencios que *mataba* con la mirada". Y era verdad. Pero Miguel siguió relativamente tranquilo. No iba a quitarle nada. Sólo estaba enamorado de su hija.

Petra le pasó la botella a su marido.

-Buena marca -dijo él-, y buena elección.

Su voz era fuerte, aunque tenía el acento característico de su país de origen.

-Voy a ponerlo en la *nevera* -dijo la madre.

Estela y su madre salieron de la sala. Al entrar en la cocina, la muchacha la miró fijamente y, con una *sonrisa de oreja a oreja*, preguntó:

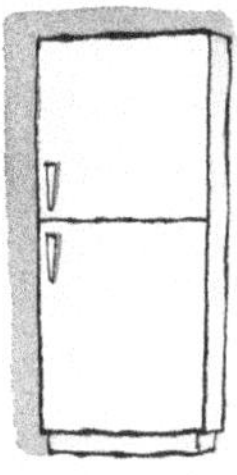

nevera

cava Gran Reserva, champán de gran calidad y varios años; la palabra champán sólo se debe usar para la bebida francesa
matar, quitar la vida, provocar la muerte, por ejemplo con una pistola
sonrisa de oreja a oreja, sonrisa muy grande

-¿Qué tal?

-¡Hija, pero si acabo de conocerle! -protestó la madre.

-Bueno, pero la primera impresión es la importante, mamá.

-Parece buen chico, pero sois tan jóvenes que…

-Vale, pero te gusta, ¿verdad?

Petra Puigbó sonrió. Después se acercó a ella y la besó en la frente.

Un beso largo que significaba más que las palabras.

2

Fina llegó de repente. La abrazó por detrás, la besó en la mejilla y acabó diciendo muy alto junto a su oreja.

-¡Ya estoy aquí! ¡Vamos, *suéltalo* todo!

Estela esperó a que se sentara en la mesa, frente a ella. Desde que todo había comenzado, parecía vivir mucho más intensamente su amor que los muchos que Fina ya había tenido a lo largo de los últimos tres años. Probablemente porque Fina se enamoraba y desenamoraba continuamente.

-¡Venga, empieza! -dijo su amiga.

-Mujer, ¿qué quieres que te diga? Todo fue bastante normal.

-¿Cómo que normal? Les presentas a tu novio, ¡tu no-vio!, y dices que todo fue "bastante normal".

-Pues lo fue.

-Vale, eso lo decidiré yo. Tú suéltalo, con detalles. ¿Qué pasó al llegar?

soltar, aquí significa decir y es una expresión coloquial o popular

-Pues Miguel trajo una botella de cava que le costó un *pastón* y a mi padre le gustó el detalle. Mi madre estaba encantada y la *pesada* de Alexandra *no paró de* llamarle "cuñado".

-¡Cómo es tu hermana!

-Huy, pues ella, encantada.

-¿Y qué dijo tu madre?

-Que era guapo, muy educado, que vestía bien...

-¡Cómo es tu madre! -sonrió Fina-. No diré que Miguel no sea todo eso y más, pero así, *nada más* conocerle...

-También dijo que Miguel me quería mucho, porque cada mirada suya bastaba para verlo.

-Mujer, es que le tienes *colado*.

-Y él a mí.

-Sí, la verdad es que *dais asco -puso una cara de* asco. Luego, como solía hacer, cambió el tono-. ¿Y tu padre? ¿Qué dijo "Don Terrible"?

-Pues... nada.

-¿Nada? ¿Cómo que nada?

-Ya le conoces, él no habla mucho. Sé que le cayó bien, pero por detalles, no porque él me lo haya dicho.

-Pero, ¿no te hizo ningún comentario cuando se fue?

-No. Despedí a Miguel en la puerta, pasamos cinco o diez minutos con el último beso y, cuando volví, mi

pastón, mucho dinero (expresión coloquial)
pesado, persona que molesta, que hace o dice algo con mucha insistencia, una y otra vez
no parar de + inf., hacer algo repetidamente, una y otra vez
nada más + inf., poco tiempo después de + inf.; es decir, la madre acaba de conocerle
colado, muy enamorado (expresión coloquial)
dar asco, provocar repugnancia
poner cara de, mostrar en la cara, hacer como si se sintiera

padre ya estaba en la cama. Y esta mañana no le he visto. Eso sí, mi madre seguía muy feliz, lo cual quiere decir que a mi padre Miguel le parece bien. Supongo que esperará a conocerle mejor.

-¡Tía, pues eso ya basta! Mi padre, a mis novios les encuentra todos los defectos del mundo, ya lo sabes.

-Bueno, tú también se los encuentras cuando *acabas con* ellos.

-¡Es porque yo no he tenido tu suerte! -protestó Fina-. Al principio sí, no están mal, pero luego... siempre tienen un defecto de fabricación. Yo creo que es eso, que están mal fabricados.

-Tú sí que estás mal.

El camarero, un chico joven, se acercó a la mesa. Estela ya tenía un refresco de limón, así que miró a su amiga.

-¿Qué va a ser?

Fina se lo dijo. Nada más irse el camarero, acercó la cara a su amiga y le dijo.

-Es guapo, ¿no?

3

Miguel la esperaba a la salida de clases, sentado en la moto. Estela se despidió de dos compañeras y fue en su dirección. Primero le dio un beso en los labios, muy rápido. Después, como él no se movía, un beso mucho más largo.

-Venga, vámonos -le dijo después.

Se alejaron despacio de la facultad. Fue un paseo corto, porque después de tres minutos Miguel se paró en

acabar con, terminar la relación, dejar de ser novios

unos jardines, en la misma *Diagonal*.

-Venga, dime, ¿aprobé el examen?

-Yo diría que con *matrícula*.

-¿En serio? -respiró tranquilo.

Diagonal, avenida muy larga y conocida en la ciudad de Barcelona
matrícula, la mejor nota posible; normalmente sólo hay matrículas en la universidad

-Mi madre ya debe estar llamando a todas sus amigas para contarles cómo eres. Y mi hermana igual.

-Ya, a mí también me parecieron geniales, pero, ¿y él?

-No me ha dicho nada.

-¿Nada? ¿Y eso es bueno?

-Mucho.

-O sea que, como no me ha masacrado, es buena señal.

-La mejor.

Miguel cerró los labios resignado, y luego habló con algo de ironía en su expresión.

-Un poco *retorcido* tu padre, ¿no te parece?

-Ya lo irás conociendo.

-Bueno, me lo esperaba, porque ya me habías hablado de él, pero en persona…

-A la gente le *asusta* un poco.

-¿Un poco? Te mira como si se metiera dentro de ti. Cuando nos quedamos solos, tuve miedo de que me preguntara si iba en serio o si ganaría suficiente dinero.

-Es cierto, ¿de qué hablasteis?

-De nada importante. Me preguntó si me gustaba el fútbol.

-¡Qué manía con el fútbol!

-También me preguntó cuándo acababa la *carrera* y cómo me iba.

-Una forma de calcular cuándo vamos a vivir juntos o a casarnos. Así que… ¿mi padre te pareció bien?

-Oye, que voy a pasar el resto de mi vida contigo, no con él.

retorcido, complicado, difícil de comprender
asustar, dar miedo, provocar miedo
carrera, estudio universitario

-¿En serio?

-De verdad que sí, que lo encontré serio, pero normal.

-No, tonto, que si es en serio lo de que vas a pasar el resto de mi vida conmigo.

-Ah, pues sí, parece que eso ya está más o menos...

Estela no le dejó seguir. Le cerró la boca con un beso y el tiempo dejó de existir en ese instante para ellos.

-Es increíble -dijo Miguel en voz baja.

-¿Qué es increíble?

-Lo hermosa que eres. Eres la mujer más hermosa que he conocido en mi vida.

-Mi hermana aún lo es más.

-Para tener dieciséis años... Pero tú aún eres más hermosa que ella.

-No nos parecemos nada.

-Ya lo vi. Alexandra es guapa, atractiva y será, ¡qué sé yo!, modelo, actriz o lo que quiera. Pero es distinto. Tú eres hermosa.

-Gracias.

-Tampoco te pareces a tus padres.

-No, no me parezco a nadie.

-Bien. Eres única.

Volvieron a besarse. Y esta vez siguieron juntos bastantes minutos. Cualquier persona hubiese podido *robarles* la moto y ellos no se hubiesen dado cuenta.

Y eso que estaban sentados encima de ella.

robar, tomar objetos que son de otras personas

4

Le dio un último beso y se miraron por última vez.

-No sé si mañana podré venir -dijo Miguel.

-No importa. Tengo que ir a la *AAD*.

-Te llamaré esta noche y te diré algo.

-Vale.

Estela lo vio irse con su moto y después entró en su casa. Sus pensamientos seguían con Miguel. Toda su vida había cambiado desde que le conocía. Y hacía ya casi un año. Jamás había sido tan feliz.

Todo iba bien.

La vida era perfecta.

Tan perfecta que le hacía daño.

Nadie en casa. Todo en silencio. Llegó a su habitación. Como siempre, se cambió de ropa nada más llegar. Al desnudarse, se miró en el espejo, una mirada tranquila. Sonrió a la cama. Recordó otro día, otro momento, con la casa también en silencio, sus padres y su hermana fuera. En el espejo estaban Miguel y ella juntos, abrazados.

Desde aquel día, en el espejo siempre veía la foto de ellos dos juntos; y su cama tenía su recuerdo, les pertenecía.

Cuando la vida te lo da todo…

-El miedo a perderlo es mayor.

Cerró los ojos e intentó no pensar en la frase que había dicho. Una vieja profesora de literatura, la señora *Serradell*, le había dicho que tenía un *sentido* trágico

AAD, abreviatura de una organización que no existe en realidad
Serradell, típico apellido catalán; Cataluña está en el noreste de España y su capital es Barcelona
sentido, manera de vivir, manera de entender las cosas

de la existencia. Y ella, en broma, le había dicho que era porque su padre es argentino, y ella misma había nacido en la República Argentina, y en su casa se oían mucho *tangos*, tristes y trágicos.

Pero ahora era diferente. Ahora todos los días eran hermosos.

La vida era hermosa.

5

Las oficinas de la AAD, Acción de Ayuda Directa, estaban en el primer piso de un sencillo edificio. Dentro había tres mesas, muchos papeles y las paredes llenas de pósters. En aquel momento en la oficina sólo estaba Modesto, como casi siempre. Modesto Sanjuán hacía de director y de todo lo necesario. Con su barba y su pelo desordenado, era el vivo ejemplo de persona que vivía por una *causa*. A sus treinta y cinco años, Modesto ya había estado varias veces en África y ahora dirigía Acción de Ayuda Directa, pero seguía teniendo contactos con Greenpeace, Amnistía Internacional y otras ONG que trabajaban por las mismas causas.

Al ver entrar a Estela, Modesto sonrió.

-¡Qué bien! Necesito a alguien.

-¿Y Begoña? -preguntó Estela.

-Se ha puesto enferma, ¿cómo lo ves?

-Bueno, todo el mundo tiene derecho a quedarse un

tango, típica música de Argentina; los tangos cuentan generalmente historias tristes
causa, aquí significa motivo muy importante, ideología; la justicia, la igualdad, la nación o la religión pueden ser causas
ONG, Organización No Gubernamental, como las aquí nombradas

día en cama.

-¡No aquí! -dijo él señalando las mesas llenas de papeles-. Pensaba que en las Organizaciones no Gubernamentales no podían pasar cosas como la gripe o un resfriado. Ven, hay que meter todas estas cartas en los *sobres*.

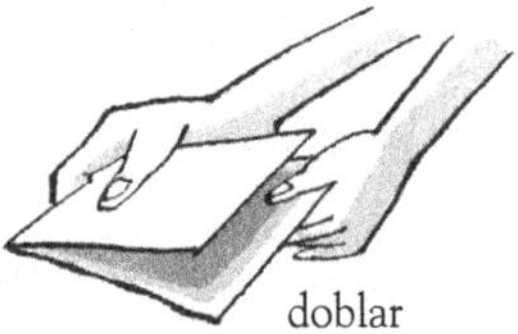

-Vale -dijo ella.

Se sentó en la silla, organizó los sobres y las cartas y empezó a trabajar. Estela colaboraba con la ONG desde hacía tres años, siempre que tenía un rato libre. Su necesidad de hacer algo por los demás, de sentirse viva, parte de un mundo en constante crisis, la obligaba a tomar parte en aquel tipo de actividades.

Se concentró en su trabajo. A veces miraba por la ventana, en dirección a la calle, para ver el río de coches y la gente que iba de un lado a otro.

De golpe dejó de *doblar* la hoja que tenía entre las manos.

-Pero qué...

Modesto la miró. Estela parecía haber visto un fantasma.

-¿Qué pasa?

-No, nada.

-¿Nada?

Él también miró por la ventana.

de golpe, de repente

-Una casualidad, eso es todo -dijo Estela.

-¿Me lo cuentas?

Estela indicó con su mano derecha en dirección a la calle, a la *acera* de enfrente. Tenía delante una *cortina*, de modo que desde el exterior era difícil ver algo.

-¿Ves a esa mujer? -dijo-. ¿La que está quieta, junto al árbol, con la camisa de color rojo?

-Sí.

-La vi ayer.

-¡Ah! -Modesto levantó las *cejas*, como si no comprendiera.

-También estaba quieta, como ahora, delante de la facultad. Llevaba la misma ropa y me miraba de una forma extraña.

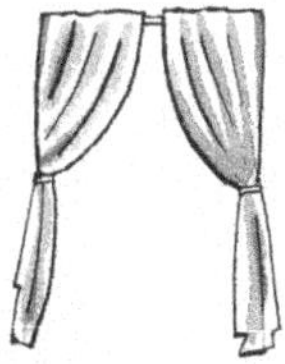

-¿Que te miraba?

-Sí. Me miraba fijamente.

-¿No te basta con romper corazones masculinos? -se rió él-. De todas formas -dijo más serio-, sí es una casualidad.

La mujer miró hacia la ventana. Estela, instintivamente, *se apartó* de la cortina.

-Está mirando hacia aquí, ¿verdad?

-Sí -*reconoció* Modesto-. ¿Quieres que baje?

acera, parte de la calle por donde andan las personas
apartarse, alejarse, separarse
reconocer, admitir, decir que algo es verdad

-¡No! -casi gritó ella.

No tenía ningún sentido. Seguramente era sólo una casualidad. Nunca había visto a aquella mujer, como de treinta y pocos años, aunque había algo en ella...

Aquellos ojos...

No supo cuánto tiempo pasó en silencio, trabajando, doblando papeles y metiéndolos en los sobres. Después de un tiempo, Modesto miró hacia fuera.

-Ya no está. Se ha ido -la informó.

Estela no dijo nada.

6

Supo lo que estaba pasando nada más abrir la puerta. El volumen del televisor, excesivo, llegó hasta ella, y su padre sólo ponía el volumen al máximo cuando veía un partido de fútbol, sobre todo cuando jugaba la selección argentina. Entonces era otra persona. Todo en él cambiaba y de sus labios salían palabras que ella ya había olvidado, expresiones peculiares.

-¡*Pucha! ¡Mirá vos, boludo! ¡Pero dale el cuero ya,* dáselo!

Estela sonrió. Su padre hablaba más en las dos horas de un partido de fútbol que en un mes entero en casa.

De niña le tenía miedo.

Luego respeto.

Ahora era comprensión.

-¿Cómo va eso, papá? -preguntó ella desde la puerta de la sala.

¡Pucha!, etc., son expresiones argentinas que significan "¡Vaya! ¡Venga, estúpido! ¡Pero dale ya el balón!"

-¿Cómo *querés* que vaya? -se lo dijo en castellano con acento argentino.

-Te va a *dar un infarto*. ¿Quién gana?

-De momento Argentina.

-Bien.

-Pero juegan muy mal -dijo resignado-. Van a *empatarnos*, ya verás.

-Tú siempre tan optimista, papá.

Estela prefirió desaparecer. No quería estar en la sala si se producía el empate y fue a su habitación. Cerró la puerta, pero la paz de su pequeño universo personal no duró más de cinco segundos. Alexandra entró sin llamar.

-¡Estela! ¡Estela, oh, querida hermana mayor, te necesito!

Estela conocía ese modo de hablar, y esta vez debía de ser serio e importante. Bastaba con verle el *rostro*, lleno de ansiedad.

-Estela, dime que me ayudarás -se encontró con Alexandra casi encima.

-A ver, ¿de qué se trata esta vez?

-No, olvídate de las demás veces. Ésta es "la vez". O sea, la más importante de todas las veces. Tengo que salir el viernes por la noche -dijo seria y trágica.

-Ya sales el viernes por la noche -le recordó Estela-. Que yo sepa, no has dejado de salir ni un solo viernes por la noche desde...

querés, en Argentina la gente no usa el pronombre "tú", sino "vos", y cambian también la forma del verbo: "querés" en vez de "quieres"
dar un infarto, tener un infarto del corazón, infarto de miocardio
empatar, marcar el mismo número de goles; por ejemplo 1-1 es un empate
rostro, cara

-¡Pero es que no puedo estar en casa a la una!

-Vaya, ya empezamos con las horas.

-¡Tú llegas a las cuatro o a las cinco!

-Y a pesar de tener diecinueve años, todavía no he podido pasar la noche fuera de casa sin problemas. A tu edad yo...

-¡Eran otros tiempos, tía!

Otros tiempos. Tres años de diferencia y eran otros tiempos.

-Dime quién es él y qué vais a hacer.

-Se llama Esteban, le conocí el sábado pasado, es genial, toca en un grupo y el viernes por la noche *actúan* en *Montornés*. No puedo verle y volver a la una. Eso es todo. Así que a papá y a mamá les decimos que vamos a ir juntas a alguna parte, ¿vale?

-¿Y cada semana será igual?

-¿Qué te crees, que actúan cada semana? Por eso quiero verles. A lo peor tengo que esperar tres o cuatro meses para verles otra vez.

Y, para entonces, su hermana ya no sabrá ni quién era Esteban. A pesar de todo, no le gustaba.

-Venga, *porfa*...

Pero Alexandra siempre le podía, y Estela lo sabía. Además tenía dieciséis años.

-¿Cómo se llama el grupo? -preguntó.

-Media docena de huevos.

-¿Qué? -tuvo que *aguantar la risa*.

-Es que son tres -la informó Alexandra tranquilamente.

actuar, tocar música delante de público
Montornés, pueblo de la provincia de Barcelona
porfa, manera coloquial de decir "por favor"
aguantar la risa, intentar no reír

Ahora ya no pudo aguantar más y se reía con todas sus ganas.

-Bueno, ¿qué? -dijo Alexandra sin entender por qué se reía tanto.

7

Salió para ir a la cocina y beber un vaso de agua. Su madre aún no estaba en casa. Entonces le llegó el grito de euforia de su padre desde la sala.

-¡Gol! ¡Gol! ¡Goool!

-¡Vaya suerte! -pudo oír a Alexandra, que estaba viendo el partido con él, aunque a ella tampoco le gustase el fútbol.

-¿Suerte? ¡*Purita inteligencia del pibe*!

Volvió a su habitación.

Le encantaba oír a su padre con su acento argentino. Hablando en *catalán*, curiosamente, no tenía ese acento, y era la forma habitual de hablar en casa. Después de todo, llevaban ya quince años en Barcelona. Ella ni siquiera recordaba nada del lugar donde nació.

Nada.

Tampoco se hablaba en casa para nada del pasado.

Entró en su habitación pensando en las circunstancias que habían llevado a su madre de nuevo a Barcelona.

Su padre había nacido en la República Argentina, en la capital, Buenos Aires. Su madre, en Barcelona. Se

¡purita inteligencia del pibe!, manera argentina de decir "¡auténtica inteligencia del muchacho!"; en Argentina es normal llamar "pibe" a los jugadores de fútbol
catalán, en Barcelona la gente habla español y catalán

conocieron allí, en Buenos Aires, a mitad de los años setenta, donde su madre trabajó unos meses en la *embajada*. Se conocieron, se enamoraron y se casaron de modo muy rápido. Después Petra Puigbó dejó su trabajo y no volvió a España. Cuatro años después nació ella, Estela, y tres años después Alexandra. Eso fue poco antes de que abandonaran Argentina, en 1982. El país vivía una situación política muy difícil, y ellos habían preferido la paz de la nueva España tras la muerte de *Franco*. La familia de su madre los había recibido con los brazos abiertos, porque su regreso significaba la vuelta a casa de Petra, y muy especialmente para poder conocer a las dos nietas. Su padre había puesto un *negocio*, y en unos pocos años la integración había sido completa.

Estela se sentó en su mesa de trabajo. Cogió el atlas de la estantería y lo abrió por las primeras páginas. Buscó aquel mapa y aquella parte del mundo, al final del continente americano.

Argentina.

Le fascinaba todo lo relativo a Argentina. Películas, historia, música, tradiciones. Siempre pensaba que algún día "volvería a casa". Pero, ¿era su casa? Allí no quedaba nada. Su padre ya no tenía familia.

Nacer en un lugar es cuestión de suerte. Lo importante es pertenecer a algo, a alguien, y sentirlo.

No, ni su padre ni su madre hablaban mucho del pasado.

¿Para qué?

embajada, oficina de un país en el extranjero, donde trabajan los diplomáticos
Franco, militar español, dictador entre 1939 y 1975
negocio, firma, compañía; son negocios por ejemplo una tienda, una fábrica, etc.

Pero su padre, Armando Lavalle, seguía siendo argentino.

Se convenció una vez más al oírle gritar.

-¿Pero vos viste eso? ¡Se lo regalamos! ¡Así nos va!

El otro equipo acababa de *marcar* un gol.

marcar, meter un gol, conseguir un gol

8

El corazón *se le detuvo* al mirar por la ventana.

No había vuelto a pensar en ella desde el día anterior, cuando la vio frente a las oficinas de la AAD.

Pero ahora ya era distinto.

Empezaba a ser distinto.

La mujer. La misma mujer. Con otra ropa, pero en idéntica posición de espera. Inmóvil en la acera de enfrente, como si esperase algo.

Y ahora delante de su calle, de su casa.

-Alexandra.

Tuvo que llamarla dos veces.

-¡Alexandra!

-¿Qué? ¿Qué? Ya venía.

La hizo mirar hacia abajo.

-¿Ves a esa mujer que viste de color verde, junto a la panadería?

-Sí.

-¿La conoces?

-No.

-¿La habías visto antes?

-No.

Su hermana ya quería irse.

-Me encanta. Ni siquiera preguntas nada -le dijo Estela.

Alexandra se detuvo. Parecía nerviosa. Volvió a la ventana y miró rápidamente.

-No la conozco. No la he visto nunca -dijo-. Y ahora, ¿por qué me lo preguntas?

-No, si cuando estás *borde*...

detenerse, pararse, dejar de moverse
borde, desagradable, poco simpático (expresión coloquial)

-¡No es eso! -puso cara de resignación-. ¡Es que Esteban aún no me ha llamado! Lo siento. ¿Qué pasa con esa mujer?

¿Qué podía decir Estela? ¿Qué la había visto tres veces?

-Me recordaba a alguien, eso es todo.

-¿Seguro?

-Seguro -sonrió Estela-.

En ese momento *sonó el timbre* de la puerta. Miró por la ventana. Su novio había llegado por fin y la llamaba para que bajase.

-¡Es Miguel! -dijo a su familia.

Cogió la *cazadora* y se despidió. Bajó la escalera corriendo y, al llegar a la calle, en vez de mirar a Miguel, dentro del coche, miró hacia la mujer. La mujer la estaba mirando, era evidente.

No era una casualidad.

cazadora

espejo retrovisor

Cruzó la acera y entró en el coche. Un sonriente Miguel quiso abrazarla y besarla, pero ella le detuvo.

-Mira por el *retrovisor*.

-¿Qué?

-Disimula y hazlo.

-¿Qué tengo que buscar? -preguntó él.

-La mujer con el traje verde, a la derecha de la panadería.

sonar el timbre, oír que alguien está llamando a la puerta

-No veo a ninguna mujer -dijo él concentrándose en el espejito.

-Está ahí, en el *portal.*

-No hay nadie.

Ella volvió la cabeza y miró abiertamente hacia el portal.

-¡Mierda, se ha ido!

9

Nunca solían ver la televisión mientras comían o cenaban, pero había momentos especiales. Y aquél era uno de ellos.

La *huelga* de *transportistas* acababa de comenzar. En la televisión se veían los camiones parados, imágenes de otra huelga anterior.

-¡Aquí todo el mundo pide y pide porque nadie dice nunca "basta"! -dijo Armando Lavalle mirando al televisor-. Y, al final, somos los pequeños los que pagamos por todos.

-Papá, pues lo que piden no me parece excesivo.

El padre miró a su hija pequeña.

-¿Qué has dicho?

-Que lo que piden no me parece excesivo -repitió Alexandra.

El rostro de Armando Lavalle se convirtió en una *máscara.*

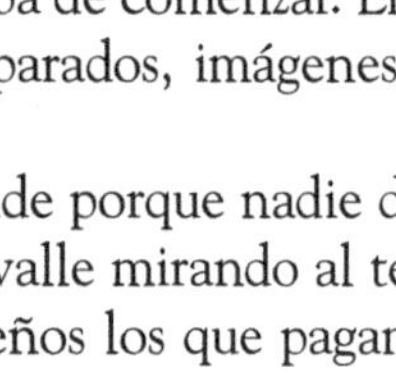

máscara

portal, puerta de un edificio
huelga, una huelga es una protesta de los trabajadores, que dejan de trabajar
transportista, persona que hace transportes

-¡Esto es lo que me faltaba! ¿No es suficiente con una hija pacifista y ahora también tú hablas así?

Petra Puigbó miró a sus hijas. Sus ojos pidieron paz y tranquilidad.

-¿Qué tiene de malo ayudar a la gente? -quiso saber Estela.

-Nada, pero trabajar gratis para unos utópicos llenos de fantasías…

-¿Vais a volver a discutir por eso? -dijo la madre.

Nadie le hizo caso.

-Conseguir cosas siempre es difícil, y las Organizaciones No Gubernamentales no pueden hacer huelgas para ayudar a la gente o al planeta -dijo Estela tranquilamente.

-Es increíble -Armando Lavalle las miró con desilusión-. Si esta huelga dura más de diez días, tal vez tenga que cerrar el negocio, y mi propia hija dice que lo que piden ésos no es excesivo. ¿Pues sabéis lo que os digo? Que aquí lo que falta es *mano dura*. Mano dura o vuelven los *socialistas*.

-Pues a ti no te fue mal con los socialistas -dijo Estela.

-Estela, por favor -pidió su madre.

-Mamá, es una conversación normal entre personas con ideologías diferentes -dijo Alexandra.

-¡Ideologías diferentes! -exclamó Armando Lavalle con la cara roja-. Ahora lo llaman así. Es curioso.

-¿Ahora? ¿Cómo lo llamabais antes?

-Guerra, Estela. Lo llamábamos guerra -su padre hablaba muy serio, casi gritando-. Y es hora de que despiertes, ¿de acuerdo? Especialmente tú. En Argentina nosotros por lo menos conseguimos limpiar...

Dejó de hablar de golpe. Se quedó sin palabras. Fue un efecto instantáneo y miró a su *esposa*.

-¿De qué estás hablando, papá? -preguntó Alexandra.

-¿Vosotros? -dijo Estela extrañada-. ¿Qué quieres decir con...?

-Ya basta, ¿de acuerdo?

Encontraron la *determinación* de Petra Puigbó. No sólo en sus ojos, también en su rostro y en sus palabras.

mano dura, actuación autoritaria
socialistas, en los años 1982 a 1996 en España gobernaron los socialistas; Felipe González fue Presidente del Gobierno
esposa, mujer
determinación, decisión fija; actuamos con determinación cuando sabemos bien lo que queremos hacer

Se había puesto de pie y los miró a los tres sin dar posibilidad a responderle, porque los tres sabían que era una persona buena y tranquila, pero cuando se enfadaba...

-Somos una familia. Ni ideologías distintas ni nada. Una familia, no lo olvidéis -dijo despacio-. Vuestro padre tiene un negocio, y lo *defenderá* con todas sus fuerzas porque es nuestra vida -les dijo a ellas antes de hablarle a él-. Y tus hijas tienen su propia personalidad y, mientras sean buenas personas, me da igual que sean pacifistas o que vayan al fútbol o que se casen con un negro o con un chino. El mundo es así. El mundo de ahora mismo, no el de ayer o el de anteayer. El de hoy. Y hoy es hoy.

Parecía *a punto de* llorar. Cosa todavía más extraña en ella, siempre fuerte.

Petra Puigbó salió del comedor, dejando tras de sí un extraño silencio. Sólo se oía la voz impersonal de la televisión.

10

Estela y Alexandra entraron juntas en la cocina. Su madre terminaba de limpiar la cocina.

-Mamá -dijo Estela-, ¿qué te ha pasado antes?

Petra Puigbó ni la miró. Siguió limpiando en la cocina, aunque todo estaba limpio.

-¿Antes?

-Sí, antes. ¿Qué pasaba con la discusión?

-Hija, hemos discutido otras veces.

defender, intentar conservar algo, intentar no perder algo
a punto de + *inf.*, casi, con ganas de + inf.

-Esta vez ha sido distinto -insistió Estela-. ¡Mamá!, ¿quieres dejar de limpiar?

Lo hizo. Las miró a las dos fijamente.

-Oídme, y oídme bien. Vuestro padre llegó aquí sin apenas nada, con un poco de dinero y muchas ganas de empezar de nuevo. Y lo consiguió. No es rico ni tiene una gran *empresa*, pero tiene lo que quería y lo que necesitamos para vivir. De acuerdo: pertenece a otro mundo, a otra generación, pero él defiende lo que cree. Yo a eso lo llamo democracia, y libertad. ¿O es que sólo quieres libertad para lo que te interesa?

-No -dijo Estela muy seria.

-Entonces él tiene el derecho a expresar sus ideas tanto como tú las tuyas.

-¿Qué ha querido decir con aquello de Argentina? -preguntó Estela-. Lo de limpiar...

-Se ha callado de golpe -añadió Alexandra-. Y ha dicho que lo llamaban "guerra".

Su madre estuvo pensando un rato antes de responder.

-Vivíamos en una *dictadura* -dijo buscando explicarse de un modo sencillo-. Y él trabajaba para el ejército. Allí nada se discutía. Se hacía. En momentos como éste, cuando tiene miedo de perderlo todo, aparece su lado más radical.

-Su lado *facha*, mamá.

-No lo llames así, Estela, por favor -Petra Puigbó se puso de nuevo seria.

-¿Tan mal están las cosas? -preguntó Alexandra preocupada.

empresa, firma, compañía
dictadura, en Argentina hubo una dictadura militar entre 1976 y 1983
facha, fascista (expresión coloquial)

-No, claro que no. Tenemos dinero, no te preocupes.

-¡Ah! -dijo Alexandra.

-Venga, vamos -las echó fuera de la cocina-. Siempre ha sido serio, no sé de qué os sorprendéis ahora.

-¿Serio? Para sonreír necesita un *manual de instrucciones*.

-¡Niña! -Petra miró con sorpresa a su hija pequeña-. ¡Y todo el mundo dice que le *adoras*!

Las dos fueron hacia la sala. Estela no las siguió. Caminó hacia su habitación, su pequeño universo personal, su mundo. Se sentía cómoda allí.

Su próxima habitación sería mucho más importante, y hermosa.

Estaría en ella con Miguel.

Y ya existía en alguna parte.

Su madre había recuperado el buen humor. La oyó reír. Alexandra siempre la hacía reír. Mucho más que ella.

Tal vez porque en su madre veía lo que ella misma no deseaba ser nunca: una esposa dispuesta a darlo todo por su familia, pero en silencio. Una mujer de antes, familiar.

Una mujer ideal para los Armando Lavalle de este mundo.

Quería a sus padres, pero deseaba irse de casa y empezar su propia vida. Con Miguel.

Sólo eso.

manual de instrucciones, libro en el que se explica cómo utilizar un aparato
adorar, querer mucho

Segunda parte

CUARTO MENGUANTE

11

Fina bebió de su vaso y lo dejó en la mesita. Parecía no mirar a ninguna parte, pero desde hacía un buen rato estaba jugando con uno de los chicos de la mesa de al lado, haciéndose la interesante.

-Mira, ¿verdad?

-¿Tú qué crees?

-No sé. Es tan guapo que a lo mejor es "gay".

-Pensaba que sabías diferenciar a un "gay" -Estela miró su reloj-. Vaya, tengo que irme ya.

-*Jo*, tía -Fina protestó-. Tendré que buscarme a otra amiga. Tú ya no me sirves. Entre tu novio, la ONG y los estudios, ya no salimos nunca de marcha.

-Ya no me apetece salir de marcha. Me gusta salir, pero de marcha...

Marcha significaba beber alcohol y descontrolarse.

-Espero que cuando me enamore no me convierta en una aburrida como tú.

Estela bajó la cabeza.

-¡Eh, eh! -su amiga comprendió que había ido demasiado lejos, probablemente porque se preocupaba más del chico de la mesa de al lado que de lo que decía-. No hablaba en serio.

-Sí hablas en serio, y lo siento.

jo, expresión coloquial para expresar insatisfacción

A veces las cosas cambiaban muy rápido, demasiado. Lo curioso es que necesitaba a su amiga. Más de lo que ella pensaba. Fina era aire fresco en su vida.

-Lo tienes absolutamente *colgado* -Estela sonrió.

-¡Bah! Mucha miradita, pero nada más.

-Pronto lo verás, porque yo me voy. Luego me llamas y me lo cuentas, ¿vale?

-Vale. Vete ya, invito yo, y con suerte... -sonrió Fina.

Se dieron un beso de despedida y Estela comenzó a caminar hacia la entrada. Cuando salió del bar, miró hacia la mesa de Fina.

Se quedó con la boca abierta.

El chico ya le estaba hablando.

Se habría puesto a reír si no estuviera en la calle. Fina era un monumento a la libertad, la independencia, las ganas de vivir, la necesidad de conocer a gente y aprender.

Llegó a un *semáforo* y se detuvo. Acababa de ponerse en rojo. De pronto alguien le tocó el *hombro*.

Escuchó unas palabras.

-Perdone, señorita...

colgado, enamorado (coloquial)

Volvió la cabeza.

Esperaba cualquier cosa menos aquello.

O mejor dicho: a cualquiera menos a aquella persona.

Era la mujer misteriosa que había estado *siguiéndola* los últimos días.

12

No supo por qué, pero tuvo miedo.

Estaba en la calle, bajo el sol, con gente por todas partes, y sin embargo... tuvo miedo.

Un miedo especial, que era como una mano invisible dentro de su cuerpo.

Miedo, miedo, miedo.

A lo desconocido, pero mucho más, a lo que sentía.

Y los ojos de aquella mujer.

Unos ojos que la miraban fijamente, con emoción, casi a punto de llorar.

-Señorita...

Estela estaba inmóvil. No entendía nada, aún menos qué le pasaba.

-¿Qué? -consiguió decir.

-No me conoce, pero...

-No, no la conozco.

Quería seguir andando, pero no pudo.

-¿Podría conversar con usted unos minutos?

-¿Conversar? ¿Sobre qué?

-Por favor, no es fácil de...

El acento, la *suavidad* de las palabras. Era argentina.

seguir, caminar detrás de alguien, observar a alguien
suavidad, suave es lo contrario de duro; en general, el habla de Latinoamérica es más suave que el habla de España

¿De qué tenía miedo? ¿De una desconocida que llevaba días siguiéndola? No tenía sentido.

-Usted ha estado siguiéndome -dijo Estela.

-Sí, es cierto. Quería ver cómo era su vida, sus amigos, su mundo...

-¿Por qué?

-¿Podríamos ir a algún lugar y sentarnos?

-No, no puedo. *Se me hace tarde* y... no, lo siento, dígame qué quiere.

-Así no.

Por primera vez la desconocida sonrió. Aquella sonrisa... era como si estuviese ante un espejo.

Un espejo en el que viese una parte de sí misma.

-¿Quién es usted? -preguntó Estela *con un hilo de voz*.

-Mi nombre es Ana Cecilia Mariani, y soy de Buenos Aires.

-¿Me conoce?

-No, y sin embargo...

-¿De qué quiere hablar? -insistió Estela.

-De Argentina.

Las palabras aparecían despacio. Intensas las de Estela, calculadas las de la mujer.

-¿De Argentina? -repitió Estela.

-Y del pasado.

-Yo no tengo pasado en Argentina. Sólo nací allí.

-Hace diecinueve años, lo sé.

-Mire, lo siento...

Ana Cecilia Mariani le puso la mano en el brazo.

-Por favor, por favor, mi niña.

La tensión en la cabeza de Estela era excesiva. Com-

hacérsele tarde a alguien, tener prisa, tener algo que hacer
con un hilo de voz, en voz baja, casi sin poder hablar

prendió que quería oírla, y que la oiría.

-De acuerdo -dijo-. Vamos.

13

Ninguna de las dos volvió a hablar hasta que se sentaron en la mesa más alejada del primer bar que encontraron. La mujer pidió un café. Estela un refresco, como el que acaba de tomar con Fina.

Miró a la mujer. Tendría unos treinta y cinco años, uno arriba uno abajo. Era atractiva, de ojos hermosos, de pelo corto, muy negro. Tenía el cuerpo delgado, y las manos finas, delicadas. Vestía con sencillez.

La vio cogerse la oreja derecha.

Exactamente como solía hacer ella a veces.

Eso hizo que hablase.

-No tengo mucho tiempo -le recordó Estela.

-Esto es muy importante, ya verás. Te contaré una historia, ¿de acuerdo?

Estela no llegó a responder. El camarero apareció en ese instante con el refresco y el café. Los puso en la mesa. Ninguna de las dos lo miró.

Finalmente estaban solas.

-Es la historia de una mujer llamada Graciela Mariani -volvió a hablar la desconocida-, y era mi hermana. Nuestros padres tuvieron tres hijos. Graciela era la mayor, Roberto el segundo, dos años menor que Graciela, y, cinco años después, nací yo. Nuestro padre murió cuando yo tenía doce años. Nuestra madre *se ocupó de* todo, y Graciela y Roberto también ayudaron y comen-

ocuparse de, ser responsable, hacer lo necesario

zaron a trabajar.

Estela miró la hora. Se le hacía ya muy tarde.

-Graciela era una mujer muy especial, muchísimo. He conocido a muchas personas buenas, sobre todo en estos últimos años, pero ninguna como ella. Ayudaba a los demás de muchas maneras, y, por supuesto, *se comprometía* siempre, siempre. No importaba la causa o el problema. Si ella creía en algo, daba todo lo que podía.

La mujer hizo una pausa y bebió de la taza de café. Estela aún no había tocado su vaso.

-Graciela tenía un novio, Claudio Granados, *militante* como ella, comprometido también con todas las causas justas. Pero vivíamos tiempos muy duros. Cuando los militares empezaron la represión, entre 1977 y 1979, comenzaron a desaparecer personas. ¿Conoces la historia de Argentina?

-Algo -dijo Estela insegura.

-Graciela *se quedó embarazada*. Iba a cumplir veintitrés años, y Claudio y ella decidieron casarse. Tal vez otra mujer hubiese preferido no seguir con actividades políticas, pero mi hermana no. Continuó igual, exactamente igual a pesar del embarazo -por un momento pareció que no podía seguir hablando. Bebió de nuevo un poco de café-. Una noche, los *milicos* llegaron a la casa de Claudio y Gabriela. Roberto estaba con ellos. Entraron una docena de hombres. Según los que lo vieron, aquello parecía más bien pensado para acabar con

comprometerse, luchar por (ver pág. 38) las ideas que uno tiene; actuar en favor de las cosas en que uno cree
militante, persona que colabora en un grupo o partido político
quedarse embarazada, cuando una mujer se queda embarazada, va a tener un hijo
milico, militar

terroristas que con tres seres humanos que sólo *luchaban por* la libertad. Se los llevaron y ésa fue la última vez que alguien los vio con vida, aparte de los militares.

Ahora era Estela quien cogió su vaso. Ahora tenía miedo de que la mujer continuase hablando.

-¿Los...? -comenzó a decir sin que pudiera terminar la frase.

-No sólo los mataron, a los tres, sino que los torturaron antes -dijo Ana Cecilia Mariani-. Fueron llevados a la *Escuela de Mecánica de la Armada*, el *campo de exterminio* más horrible del mundo después de lo de los nazis. Según se ha podido saber, a Claudio y a Roberto los tiraron todavía vivos desde un avión al mar, junto a otros cientos de hombres y mujeres. A Graciela la *retuvieron* los dos meses que le faltaban para tener su hijo. Tuvo una niña en la misma Escuela de Mecánica de la Armada, *esposada*. Y esa misma noche se llevaron a la niña. Le dijeron que volvería a verla si colaboraba...

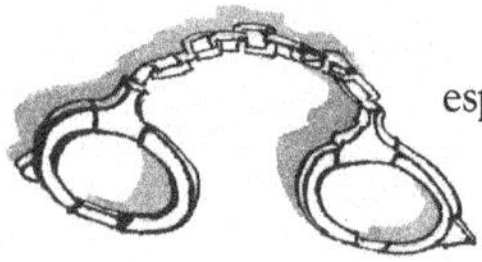

esposas

La mujer se detuvo, a punto de llorar. Estela casi no podía respirar, pero la ayudó a seguir.

-¿Qué pasó? -dijo en voz baja.

luchar por, actuar en favor de algo; en la guerra los militares luchan
Escuela de Mecánica de la Armada, antes de la dictadura sólo era una escuela de los militares
campo de exterminio, campo de concentración, lugar donde matan a la gente
retener, no dejar ir, no dejar en libertad

-Mi hermana murió a los pocos días. Al menos pudimos ver su cuerpo, cosa que no consiguieron otras familias de desaparecidos, la mayoría. Toda su hermosura, toda su…

Cayeron las dos primeras *lágrimas*.

lágrima

-Perdone, pero… ¿qué tiene que ver esta historia conmigo? Yo ya no entiendo…

Ana Cecilia la miró con ojos llenos de emoción. Sus siguientes palabras fueron un grito pronunciado en voz baja.

-Te he contado la historia de tu nacimiento, mi niña. Graciela era tu madre.

14

Estela tardó cinco segundos largos en reaccionar.

Primero la miró sin entender, o mejor dicho, no queriendo entender sus últimas palabras. Después *estalló*.

-¿Está loca?

-No, Estela. La locura fue aquello, no esto. Ésta es la verdad, aunque llegue tarde. Estela, por favor…

Fue a poner la mano en su brazo, pero la muchacha fue más rápida.

estallar, tener una explosión, salir de repente las palabras

-¡No me toque! -casi gritó.

-Ya no eres una niña -Ana Cecilia Mariani habló con firmeza-. Eres una mujer, y puedes aceptarlo. Incluso entenderlo. Tampoco eres la única. Ya se han encontrado decenas de niños y niñas nacidos en las *cárceles* en aquellos días.

-Pero... *¿de qué va?* -el horror no desapareció de su rostro-. Se mete de golpe en mi vida, me sigue y me cuenta una historia absurda...

-Pregúntale a tus padres.

-¿Está loca? No puede ir por ahí diciendo cosas así a la gente.

-Siento hacerte daño, querida, pero tienes derecho a saber, ¿entiendes?

-¡Déjeme en paz!

Estela no pudo levantarse. Algo hacía que siguiera allí, en su silla, sin poderse mover. Su cabeza quería una cosa, pero su cuerpo hacía otra. Ana Cecilia Mariani siguió hablando.

-He tardado demasiado en encontrarte, eso es todo. Lo siento, ¡lo siento! ¿Crees que tu abuela y yo no te hemos buscado? ¡Llevamos quince años en ello! ¡Quince años! Pero él *borró* muy bien las *huellas*.

borrar las huellas

cárcel, prisión
¿de qué va?, ¿qué quiere usted, por qué me habla así? (expresión coloquial)

-¿Qué huellas?

-Tu desaparición.

-¿Y quién se supone que es… él?

Creía que la mujer ya había dicho todo, pero no era así.

-Tu padre.

-¿Mi… padre?

-¿Es que no lo comprendes? Él era uno de ellos.

-Mi padre no estaba en el Ejército.

-¿Te dijo eso? ¿Qué te contaron de tu nacimiento?

Estela no dijo nada. La mujer sacó una fotografía y se la dio a Estela. Al ver que ella no la cogía, la dejó en la mesa.

-Es tu madre con sólo un año más que tú.

La mujer de la fotografía sonreía, con alegría, con la seguridad de sus veinte años. Era muy guapa, mucho: el cabello negro, los ojos alegres, los labios perfectos. Y se parecía mucho a ella misma, a Estela.

Estela no pudo separar los ojos de aquella imagen.

-Era muy guapa, ¿verdad?

La imagen se metía más y más adentro. Tuvo deseos de llorar, de gritar, de echar a correr.

-Esto es demasiado -acabó diciendo.

Estela se puso de pie.

-Te he contado la verdad -dijo la mujer mirándola fijamente-. Y la verdad es lo único que nos hace libres.

-¿Pero de qué verdad me habla? Me ha contado una historia, nada más. Se ha equivocado de persona, eso es todo.

-¿Tú crees que me equivoco? -señaló la fotografía.

-Mucha gente se parece.

-Tú naciste un cuatro de septiembre.

Estela consiguió sonreír.

-¿Lo ve? Se ha equivocado. Por unos días, pero se ha equivocado. Yo nací el nueve de septiembre.

-Naciste un cuatro de septiembre, pero tu padre debió de cambiar los papeles de tu nacimiento. No me he equivocado. Llevo tiempo siguiendo tu historia, y tú eres la *prueba*. ¿Ves cómo nos parecemos tú y yo, o como te pareces a la fotografía? Él *huyó* de Argentina, pero ya ves.

-Mi padre no hizo eso.

La mujer estuvo un momento en silencio antes de volver a hablar.

prueba, algo que demuestra una teoría
huir, salir de un lugar, escapar porque alguien te sigue

Y entonces habló con extrema intensidad, mirándola a los ojos.

-Tu padre hizo algo más que llevarte con él, Estela. Mató a tu madre y te quitó tu identidad. Él era el milico que la estuvo *interrogando* y torturando a lo largo de aquellos dos meses.

15

Abrió la puerta sin hacer ruido. No escuchó nada al principio. Después escuchó algo, seguramente su madre en la cocina. Lo único que deseaba era llegar a su habitación, entrar en ella y *tumbarse* en la cama.

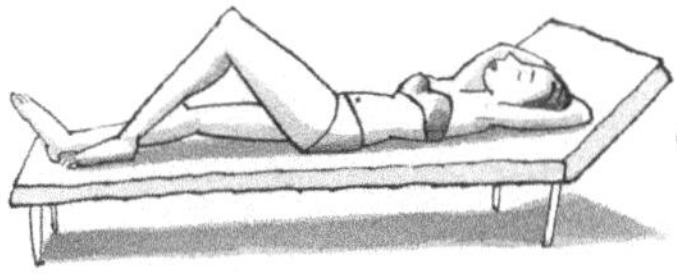

estar tumbado

Cerró la puerta despacio. Después, sin zapatos, anduvo hasta llegar a su habitación. Cuando cerró la puerta de su habitación, se sintió más tranquila.

Y, al tumbarse en la cama, intentó no pensar en nada. Pero le fue imposible.

Ni siquiera recordaba cómo había llegado a su casa.

Una desconocida no podía *alterarla* de aquella forma, y menos una desconocida tan increíble.

interrogar, hacer preguntas un policía o un militar para saber algo; el sustantivo es interrogatorio

alterar, cuando nos alteramos, dejamos de estar tranquilos y nos ponemos nerviosos o enfadados

Porque estaba claro que no era más que una loca, una loca con una historia imposible.

Si volvía a verla, llamaría a la policía.

Si…

Cerró los ojos, pero volvió a abrirlos al momento. Daba igual. Con los ojos cerrados o abiertos, seguía viendo aquellos otros ojos.

Los de la mujer de la fotografía.

Graciela Mariani.

Y los de Ana Cecilia Mariani.

Aquellos ojos, aquellos labios, aquella sensación…

Intentó respirar con tranquilidad, pero no podía. Se levantó de la cama y *maquinalmente* se sentó en su mesa y abrió el *cajón* del lado derecho. Su álbum personal. Se quedó mirándolo un largo rato.

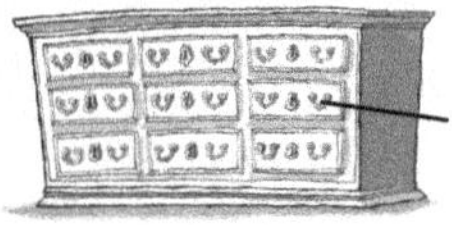

Las primeras fotografías eran suyas, de niña. En Argentina. De ella sola cuando todavía no había nacido Alexandra, y de ella con su hermana, y de fiestas, chicos…

Fotografías de las dos con sus padres.

¿Por qué no se parecía a ellos, ni a su hermana, ni a su abuela, ni a nadie conocido?

¿Por qué?

Cerró el álbum de golpe, casi con violencia.

¿Y qué?

Mucha gente se parecía a mucha gente.

maquinalmente, sin pensar, como una máquina

Puso las manos en su cara. ¿Y si, después de todo, existiese una historia argentina en su pasado?

Aquella Graciela Mariani era una pacifista comprometida con cualquier causa. Como ella. Pero si era la verdad, significaba que...

La puerta de su habitación se abrió en ese momento. Ella se asustó tanto como su madre, que no esperaba ver a nadie en la habitación.

-¡Ay, hija!, ¿pero qué haces aquí? ¿Cuándo has llegado?

-Hace un momento.

-¿Y por qué no has venido a saludar? ¿Qué te pasa? Estás blanca. ¿Te encuentras bien?

-Seguramente algo que he bebido... -dijo *fingiendo* indiferencia.

-¿Te preparo algo?

-No, tranquila.

-¿Seguro?

-Mamá...

Era una forma de pedirle intimidad y soledad. La mujer ya conocía esa expresión.

-Sólo necesito unos minutos de relax. Salgo en seguida, ¿vale?

-Vale, vale.

Y la madre cerró la puerta.

Estela miró la puerta un largo instante. Después metió el álbum de fotos en su cajón, con movimientos lentos, y volvió a la cama.

Las preguntas seguían en su cabeza.

Las primeras dudas.

Todo era demasiado extraordinario y, además, que le

fingir, disimular, hacer como si

pasase a ella...

Absurdo.

Los ojos de Graciela Mariani le sonrieron desde el lugar más lejano de su *mente.*

16

Al entrar en la oficina de AAD, Modesto Sanjuán la miró con sorpresa. Seguía solo, sin nadie que le ayudase.

-Estela, ¡qué maravilla! ¿Qué haces aquí? No te esperaba.

-No he venido a trabajar, aunque puedo quedarme un rato si quieres -dijo ella.

El responsable de AAD se dio cuenta del rostro serio de Estela, las huellas del cansancio, como si no hubiese dormido bien.

-¿Te pasa algo?

-Aún no lo sé. Por eso he venido.

Modesto Sanjuán dejó de trabajar y la escuchó.

-Quería que me hablases de lo que sucedió en Argentina cuando lo de *Videla, Viola* y los demás. Seguro que sabes mucho más que yo.

-Mujer, yo tampoco soy un experto en el tema -se excusó él.

-Pero lo viviste, aunque fuese desde España y siendo un niño. ¿A quién querías que preguntase?

-No, supongo que soy la persona adecuada. Vamos,

mente, cabeza, pensamientos
Videla, general y dictador, en el gobierno de Argentina entre 1976 y 1980
Viola, general y dictador, en el gobierno después de Videla durante ocho meses

estás en Acción de Ayuda Directa, ¿no? Información más directa que ésta no vas a encontrar.

Estela se rió. Fue como una liberación. Las personas que olvidan reír se dan cuenta de lo importante que es hacerlo cuando ya no pueden, y de lo felices que somos cuando reímos sin darnos cuenta.

-Veamos -comenzó Modesto Sanjuán-. Si no recuerdo mal, a comienzos de 1976 hubo un *golpe militar*. Como *Pinochet* en Chile tres años antes, la represión fue terrible y comenzaron las desapariciones.

-He oído decir que echaban a la gente viva, *atada* de manos y pies, al mar desde aviones.

atado

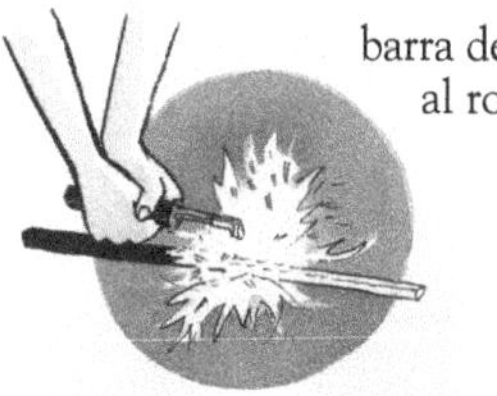

barra de hierro al rojo vivo

-Eso y más. ¿Qué quieres que te diga? El problema es que *detenían* a personas que realmente poco o nada podían decir. ¿Crees que, si a una mujer le introducen una *barra de hierro al rojo vivo* por la vagina y sabe algo,

golpe militar, intento de los militares por llegar al poder usando la fuerza; tras el golpe militar en Argentina, los generales gobernaron el país
Pinochet, Augusto Pinochet, general y dictador de Chile entre 1973 y 1990
detener, cuando la policía o los militares detienen a una persona, esa persona ya no tiene libertad

no lo dice? Por Dios, los héroes sólo se ven en las películas. En la vida real no existen. Locos sí, héroes no. Y los métodos de tortura te aseguro que son cada vez peores.

-¿Por qué pasó eso en Argentina?

-¡Vaya pregunta! -dijo triste Modesto Sanjuán-. ¿Por qué hubo una *Guerra Civil* en España? ¿Por qué esto y lo otro? Siempre hay alguien que pide algo y alguien que dice no, alguien que habla de libertad y alguien que

Guerra Civil, guerra entre los españoles (1936-1939); después de la Guerra Civil, el general Franco gobernó España

habla de unidad...

-¿Y los niños?

-Ésos son los que más sufren en toda guerra.

-No, me refiero a los que nacieron en las cárceles argentinas en aquellos años.

-¡Ah, eso! -reaccionó Modesto Sanjuán-. Sí, claro -pareció estar pensando. Luego volvió a hablar, aún más despacio, sin dejar de mirarla a los ojos-. Nacieron muchos niños y niñas entre 1977 y 1979 en esas cárceles. Algunas ni siquiera eran cárceles.

-¿Cómo la Escuela de Mecánica de la Armada?

-Sí, exacto -se sorprendió de que ella conociese ese nombre-. ¿Cómo sabes tú ese nombre?

-Algo sé -dijo ella.

-¿Te lo han contado tus padres?

-No, en casa nunca se habla de Argentina, y menos de esa época.

-Pero tu padre se fue de allí por motivos políticos, ¿no?

-No lo sé. Nos vinimos de España en el ochenta y dos.

Pareció que iba a preguntar algo más sobre su padre, pero no lo hizo. Volvió a hablar de lo anterior.

-Querías saber algo sobre los niños y niñas de las detenidas...

-Todo lo de las madres y las abuelas de la *Plaza de Mayo.*

-Eso fue algo terrible. Al morir las madres en las cárceles, los militares se quedaron con los niños... Mira, hay una noticia en el periódico de ayer.

Plaza de Mayo, conocida plaza en Buenos Aires, delante del edificio del gobierno

Estela miró el periódico. Decía: "Un *ex policía* argentino cuenta que sus compañeros *se repartían* bebés como si fueran televisores". Prefirió no seguir leyendo y miró a Modesto Sanjuán.

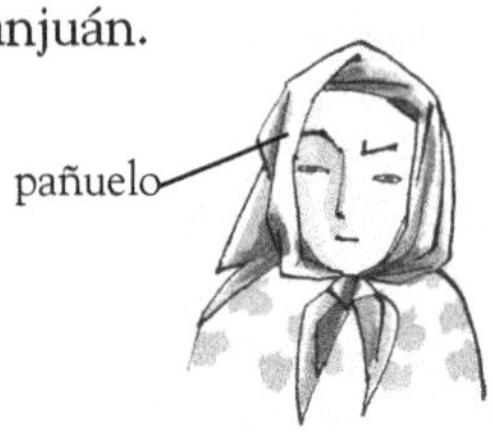

-A fines de 1977 -siguió hablando él-, las primeras mujeres se reunieron en la Plaza de Mayo, con *pañuelos* blancos en la cabeza y las fotos de sus hijos e hijas. La policía militar las echaba, ¿sabes? Pero ellas volvían, y volvían, y volvían; daban vueltas silenciosamente a la plaza. Primero eran "las madres de la Plaza de Mayo". Después, "las madres y abuelas". Ellas y su movimiento fueran la primera voz de protesta que se oyó, primero en Argentina, y después en el mundo. Actualmente las "madres" luchan más por motivos políticos, mientras que las "abuelas" se han concentrado en buscar a sus nietos.

-Pero, ¿cómo saben que son sus nietos?

-En 1987 se creó en Argentina el BNDG, o sea, el Banco Nacional de Datos Genéticos. Todos los familiares con desaparecidos han dado *muestras* de *sangre*, de modo que, si ahora un adolescente tiene dudas, puede

ex policía, que había sido policía y ya no es policía
repartirse, si se reparten seis panes entre tres personas, cada persona recibe dos panes
muestra, un poco de algo, en este caso de sangre
sangre, líquido rojo en nuestro cuerpo; el corazón mueve la sangre

hacerse un análisis de sangre. Ésa es ahora la *memoria de los seres perdidos*.

Pareció que Estela iba a llorar, pero no lo hizo.

-La memoria de los seres perdidos -dijo.

La muchacha estuvo en silencio unos segundos. Su rostro estaba más blanco todavía.

-Si quieres, puedo buscarte más información.

-¿De verdad?

-¡Cómo no! Esto es una ONG. Puedo pedir información a Amnistía Internacional, por ejemplo.

-Gracias, Modesto.

Se puso en pie. Modesto hizo lo mismo.

-Te llamaré cuando tenga la información, que será mañana mismo probablemente.

Estela ya estaba en la puerta.

-Gracias -repitió.

17

El rostro de su abuela *materna* fue de sorpresa al verla al otro lado de la puerta.

-¡Estela, *cariño*!

No era normal una visita durante el día y a aquella hora en la que se suponía que ella estaba en clase.

-¿Pasa algo?

-No, qué va. Estaba cerca de aquí y he pensado en subir a decirte hola.

-Pues es algo, porque si no voy yo a veros… -protes-

memoria de los seres perdidos, recuerdo de las personas desaparecidas
materno, de la madre; es decir, la madre de la madre es la abuela materna
cariño, querido o querida

tó la mujer mientras su nieta le daba dos besos.

-Me quedo diez minutos, ¿vale?

Las dos fueron a la sala y se sentaron.

-Bueno, bueno, ¿qué tal por casa?

-Normal, como la semana pasada.

-Como no vi a Alexandra...

-Ya la conoces. Ésa sí que no está nunca quieta.

-Casadas me gustaría veros antes de morirme. Con hijos ya no digo, pero casadas...

-Abuela, si estás como una rosa. ¡Claro que nos verás casadas, y con hijos!

-¡Pero si hoy en día todas os casáis a los treinta!

Su abuela le estaba dando la idea para empezar un diálogo sobre el pasado.

-Eso de que hoy nos casamos a los treinta y antes no... ¿Qué quieres que te diga? Mamá se casó a los treinta y dos, si no recuerdo mal.

-Fue distinto.

-¿Por qué?

-Porque tu madre fue primero a la universidad, y después tuvo aquel novio con el que se pasó cinco años y después se separaron. Entonces aceptó ese trabajo en la embajada de Buenos Aires.

-¿Tan trágica fue la separación que se fue a otro país?

La abuela Valentina miró a su nieta con los ojos y la mente llena de recuerdos del pasado.

-Para tu madre Bartolo, porque se llamaba Bartolo, fue su primer amor. Hoy en día el primer amor lo tenéis a los dieciséis o diecisiete años, pero entonces no era así. Una podía pensar en un chico durante la adolescencia, sí, pero eso era todo...

-¿Por qué *cortaron*?

cortar, terminar una relación amorosa

-Porque después de cinco años de que si ahora me caso, ahora no me caso, de si "esperemos un poco más"... ella se hartó.

-Así que se marchó a Argentina para no estar en Barcelona.

-Una locura, pero ya ves: en la vida nunca sabes lo que te espera. Allí estaba tu padre, y vosotras. En parte tuvo suerte. Eso de irse al otro lado del mundo, un país donde es invierno cuando aquí es verano... ¿Dónde se ha visto que en Navidad haga sol?

-¿Qué dijiste cuando te contó que iba a casarse?

-¿Qué querías que dijese? Si fue tan rápido que no... No podíamos ir a la boda porque tu abuelo ya estaba enfermo y porque el viaje costaba mucho dinero. Sólo nos alegramos de que ella fuese feliz.

-¿En qué trabajaba realmente papá?

-Transportes para el ejército. Ahí aprendió todo lo de los camiones y los transportes. Tonto no era, no.

-¿Tenía una empresa?

-¿Una empresa? No, que yo sepa, no.

-Entonces...

-En aquellos días era militar, porque desde luego llevaba uniforme.

No lo sabía. Era el pasado de su propio padre y no lo sabía.

A veces se lo había preguntado: ¿cuántos chicos y chicas conocen realmente la historia de sus padres? Por lo general a todos y a todas ese pasado les parecía prehistoria. Nadie se interesaba, nadie hacía preguntas, sobre todo en la adolescencia.

Ahora tenía la respuesta. Su respuesta.

-De cualquier forma -continuó la abuela-, debió de dejar de ser militar al venirse aquí.

-Y cuando mamá te contó que estaba embarazada, ¿qué dijiste?

-Fue muy triste en parte por la distancia, pero muy bonito por la noticia. Aún tengo la carta con mis lágrimas. ¡*Anda que no lloré ni nada*!

-¿Aún la conservas? ¿Puedo verla?

-Pues... sí, claro.

La mujer se levantó, fue a su habitación y no tardó ni un minuto en volver. Llevaba en las manos una *caja* de cartón. La abrió y sacó dos paquetes de cartas. Cada carta llevaba una anotación: "Navidad 76", "Operación de Armando, primavera 77", "Estela"...

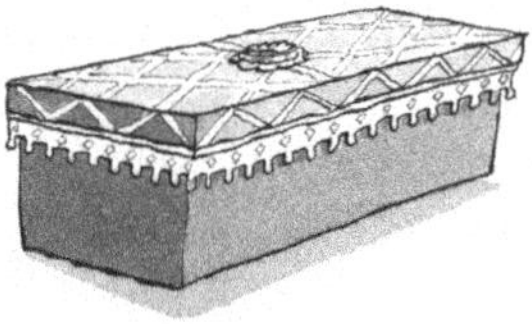

caja

La carta.

Su abuela se la dio.

Estela apenas podía respirar. Era el primer dato que encontraba sobre su propia vida. El mejor de los documentos.

En el papel todavía se veían las huellas de las lágrimas. Empezó a leer la carta, todavía sin respirar.

"Mamá, tengo una buena, una maravillosa noticia que darte: has sido abuela. ¿Qué te parece? ¿No es lo más hermoso del mundo? Sé que pensabas que ya no podría tener hijos, por mi edad, pero te has equivocado. El pasado día nueve tuve a mi hija Estela, de tres kilos y setecientos gramos, y es la niña más bonita del mun-

¡anda que no lloré ni nada!, lloré muchísimo

do. Perdona que no te dijera nada cuando supe que estaba embarazada, pero sé que te hubieses preocupado. He tenido muchos problemas, pero al final todo ha terminado bien. Te mando una fotografía para que la conozcas. Mamá, me siento tan bien, y ahora, más que nunca, te necesito a mi lado. Quizá podamos ir en Navidad."

-Nunca vinisteis, ni por Navidad, ni en verano, ni nada -dijo la abuela-. Por lo menos todo eso terminó.

Estela apenas la oyó. Seguía pensando en la carta, en su fecha, del 11 de septiembre.

Dos días después de la fecha de su nacimiento.

Nada más.

No era una carta de nueve meses antes, comunicando la noticia del embarazo, aunque tenía su lógica.

El abuelo enfermo, la distancia, preocupaciones innecesarias...

Su lógica.

-¿Sorprendida, verdad? -oyó feliz la voz de la abuela.

Lo estaba.

18

Sentados a la mesa, en silencio, miró a los dos.

Su madre, como siempre, se ocupaba de la cena. Su padre, también como siempre, pensaba en sus cosas. Alexandra, también como siempre, protestó.

-¿Todo esto para mí? ¿Estás loca, mamá?

-Come y calla, que estás muy delgada.

-¡Muy delgada! Cómo se ve que no...

-Alexandra -se pudo oír la voz de Armando Lavalle.

-¡Jo! -fue la última protesta de la más joven.

Estela miró de nuevo a sus padres. Intentaba controlar sus nervios. Ya no sólo era la posible *confusión*, sino una posible verdad.

"Tu padre adoptivo mató a tu madre biológica".

Sintió frío en todo el cuerpo.

-¿Sales esta noche? -preguntó Alexandra.

-Un rato. Miguel vendrá a buscarme dentro de quince minutos.

-No me gusta que salgas tantas noches -se oyó la voz fuerte de su padre-. Nunca te veo estudiar.

-La marcha ahora ya empieza los jueves por la noche, papá -dijo Alexandra.

-La marcha, la marcha. Pronto se trabajará tres días y habrá cuatro de descanso.

-¡Espero que eso llegue pronto! -comentó Alexandra muy contenta.

Su padre le dirigió una mirada terrible, pero a ella le dio igual.

El teléfono interrumpió la conversación.

-No cojáis el teléfono, -dijo Armando Lavalle-, ¡es la hora de la cena!

Alexandra ya estaba de pie, preparada para ir hacia el aparato.

-¡Sí, hombre, mira! -dijo sin detenerse.

Su cara mostró insatisfacción al oír que era Modesto quien llamaba.

-Es para ti. Modesto.

Estela fue hacia el teléfono.

-¿Modesto?

-¡Hola! -escuchó la voz del responsable de la ONG-. Sólo te llamo para decirte que el lunes tendré

confusión, equivocación

lo que me pediste.

-Gracias.

-Creía que sería más rápido, pero me han dicho que van a prepararme algo bastante completo, con fotografías y cosas así.

-Magnífico.

-Vale, entonces hasta el lunes.

-Adiós.

Estela volvió a la mesa y se concentró en la cena. Al final de la cena, con una nueva llamada telefónica, la que esperaba Alexandra, volvieron las protestas de Armando Lavalle porque allí nadie le escuchaba. Estela aprovechó ese momento para ir a su habitación. Poco después escuchó que alguien llamaba desde abajo. Salió de su habitación, gritó "adiós", bajó la escalera corriendo, llegó a la entrada del edificio y vio a su novio de pie en la calle, esperándola fuera del coche.

Se le echó en los brazos, dio salida a todos los nervios de las últimas veinticuatro horas y le abrazó con todas sus fuerzas, buscando la protección y la paz que sólo su amor podían darle.

19

Miguel miró a Estela a los ojos.

-¿No has vuelto a verla? -fue su primera pregunta.

-No. Llevo desde ayer…

-Pero estaba loca, ¿no?

Era lo mismo que se había estado repitiendo a sí misma.

-No lo sé -dijo por primera vez-. Miguel, tengo miedo.

-Vamos, no puede ser verdad.

-¿Por qué no? -respondió ella-. Nací en el momento y el lugar exactos, no me parezco nada a mi padre ni a mi madre ni a mi hermana.

-Pero es la palabra de una desconocida frente a toda una vida.

-Tú no viste esa fotografía, Miguel -dijo agotada-. Era como yo, o mejor dicho, yo soy como ella. Además, hoy he hablado con mi abuela.

-¿Y qué te ha dicho?

-Me ha enseñado unas cartas. Las que le envió mi madre desde Argentina cuando vivía allá.

-Eso lo aclara todo, ¿no?

-No -negó con la cabeza-. La carta en la que mi madre le comunica mi nacimiento es posterior a ese nacimiento, no anterior. Mi madre no le dijo que estaba embarazada, no quiso preocuparles, especialmente a mi abuelo, que estaba enfermo.

-Parece lógico.

-Ya.

-Pero es una *pieza* más del puzzle. Y mi abuela me dijo que mi padre era militar.

pieza de puzzle

-¿Qué?

Estela tenía la cabeza baja. Sabía que Miguel era poco amigo de los uniformes, como ella misma.

-Estela, pregúntales a ellos y termina de una vez, ¿vale?

-¿Crees que puedo ir y decirle a mi madre si me adoptó y, si lo hizo, si era hija de una desaparecida? ¿Y a él preguntarle como si nada si me sacó de las manos de mi madre después de tortur...? -no pudo seguir hablando-. Por Dios, Miguel, son mis pa...dres...

Ahora ya no pudo aguantar más y se echó a llorar. Miguel la abrazó con fuerza y la besó en el pelo.

Durante unos largos segundos no se movieron.

-Te quiero -dijo él finalmente en voz baja-. Me tienes a mí, no estás sola.

Volvió a besarla con *ternura*, en la cabeza, una, dos, tres veces.

-Mi hermana se va seis meses a Londres -dijo él-. Tendremos su casa para nosotros solos. Podemos vivir en ella si quieres, si necesitas irte.

Le miró. Estaban tan cerca que sus caras estaban *deformadas*.

-¿Estás bien? -preguntó él.

-Tengo miedo.

-¿De qué?

-De la verdad.

La besó de nuevo.

-Siempre será su verdad. Nuestra verdad es esto, y está aquí, ahora. Tu verdad soy yo, y mi verdad eres tú. Eso nos hace fuertes.

Quiso creerle.

Necesitaba creerle.

Pero el miedo hizo que bajara otra vez su cabeza y, por segunda vez, se echase a llorar.

ternura, amor, cariño
deformado, con la forma cambiada, distorsionado

Tercera parte

LUNA NUEVA

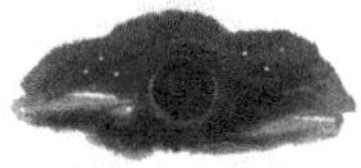

20

Su padre pocas veces entraba en su habitación. Por eso le extrañó verlo allí, en la puerta.

-Estela, han dejado este paquete para ti.

Estela, que estaba estudiando, lo cogió, y luego vio cómo el hombre se iba, dejándola sola. Primero pensó en los informes que iba a darle Modesto Sanjuán. Pero habían quedado para el lunes en la ONG, y era sábado al mediodía.

Abrió el paquete y sacó un montón de fotocopias, papeles, documentación...

Todo sobre desaparecidos.

El primer bloque de hojas era sobre Graciela Mariani y su hija.

Así que ella, Ana Cecilia Mariani, había estado allí.

Casi sin darse cuenta miró la primera fotocopia.

Era la fotocopia de la *denuncia* por la desaparición de...

¿De sí misma?

Volvió a sentir que no podía respirar.

Y comenzó a leer:

denuncia, comunicación a la policía; por ejemplo, cuando nos roban algo (ver explicación en pág. 13), hacemos una denuncia

PERSONA DESAPARECIDA: *N. GRANADOS MARIANI.* Niña nacida durante la detención de su madre, GRACIELA MARIANI VIANA.

HECHOS: GRACIELA MARIANI VIANA, 23 años, estudiante universitaria, con *DNI* n.° 11.527.972, desapareció el 7 de julio de 1978 en Buenos Aires. Ese día estaba en compañía de su esposo, CLAUDIO GRANADOS PÉREZ, de 25 años, y de su hermano, ROBERTO MARIANI VIANA, de 21, en su casa de la calle San Mateo 525 de la capital. A las diez y quince minutos de la noche, según me dijeron *vecinos* que lo vieron, entraron en la casa entre diez y doce personas con uniformes militares. Mi hija, que en esas fechas estaba embarazada de siete meses, *fue golpeada*, al igual que su marido y mi otro hijo, mientras se les pedía información que no pudieron o no supieron dar. A las diez y veinticinco los tres fueron llevados al exterior y metidos en un automóvil. Ésa fue la última vez que se les vio con libertad y, en el caso de los dos hombres, con vida.

Al día siguiente mi hija ANA CECILIA y yo comenzamos su búsqueda. Por informaciones extraoficiales supimos que habían sido llevados a la Escuela de Mecánica de la Armada, pero nunca se nos dijo nada sobre ellos ni pudimos verlos.

El 15 de septiembre de 1978 fuimos llamados a la *comisaría* número 9. Allí el subcomisario nos informó de

N. Granados Mariani, N. significa nombre desconocido; Granados es el apellido del padre y Mariani el de la madre
DNI, Documento Nacional de Identidad; es como un pasaporte, pero para su uso en el país
vecinos, personas que viven en el mismo edificio o en las casas cercanas
golpear, por ejemplo, cuando golpeamos una puerta con la mano, alguien nos oye y nos abre
comisaría, oficina o edificio donde trabajan los policías

que mi hija había muerto en un control de automóviles. Al no detener su automóvil, murió como consecuencia de *disparos*. Cuando preguntamos por el bebé, pues se nos había dicho que GRACIELA no estaba embarazada, el subcomisario dijo no saber nada. Y cuando preguntamos sobre la imposibilidad de que GRACIELA pudiese estar libre, sin su marido, y en un automóvil en esas fechas, cuando llevaba detenida más de dos meses, el subcomisario dijo no saber nada tampoco.

Después de largos *trámites*, nos fue entregado finalmente el cuerpo de mi hija. Tenía golpes por todas partes, la cabeza sin pelo, la boca sin apenas dientes, *cortes* y *quemaduras*. En el cuerpo había también huellas de disparos, pero sin sangre, por lo que es fácil imaginar que dispararon después de su muerte real.

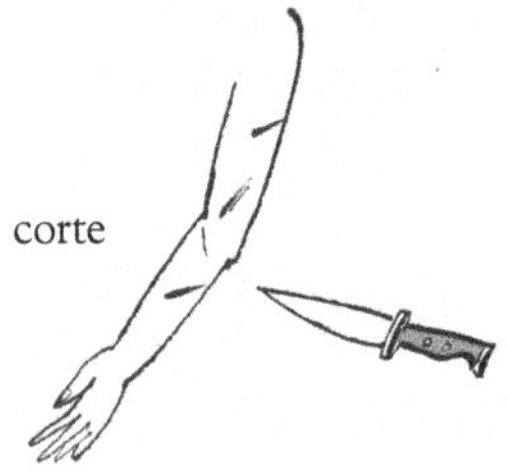

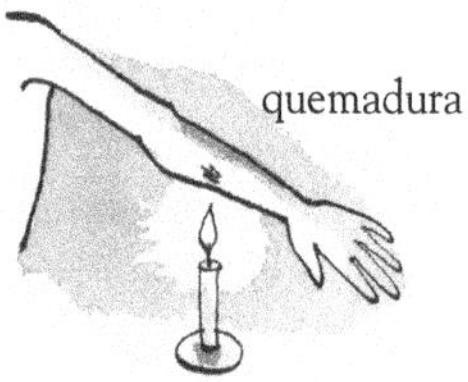

Por personas que estuvieron detenidas con GRACIELA, mi única hija viva y yo supimos que mi hija mayor, el día 4 de septiembre de 1978, fue llevada a un hospital a primeras horas de la mañana. Ese mismo día, estando esposada, *dio a luz* a una niña a la que no se puso nombre alguno. Le quitaron la niña inmediatamente sin que se

disparo, con una pistola hacemos disparos
trámites, burocracia
dar a luz, tener un hijo

haya sabido nada más de ella, aunque, si GRACIELA fue llevada al hospital, eso quiere decir que alguien quería que el bebé naciese bien. Después GRACIELA fue llevada de nuevo a la Escuela de Mecánica de la Armada, donde murió, por nuevas torturas o por falta de médicos. De mi otro hijo, ROBERTO, así como del esposo de mi hija, CLAUDIO, no volvimos a tener noticias.

Estela dejó la fotocopia sobre la mesa. El resto de la información era parecido. Sobre Graciela Mariani y sobre su desaparición.

Siguió leyendo, *saltándose* las partes más técnicas. Leyó el informe de la autopsia del cuerpo de Graciela Mariani en 1987, en el que se confirmaba que los disparos fueron después de su muerte. Leyó las palabras de un piloto de avión que había volado sobre el mar decenas de veces, mientras los soldados echaban cientos de personas al mar. Leyó el informe de una *enfermera* que había estado cuando Graciela Mariani dio a luz, el 4 de septiembre de 1978, y decía que la niña era preciosa, con mucho pelo de color negro. Leyó y leyó hasta la última página, más de una hora después.

saltarse, no leer
enfermera, mujer que ayuda al médico y se ocupa de los enfermos

Agotada.

Allí encontró algo más.

Una nota escrita a mano.

"Llámame o ven. Tienes derecho a saber la verdad. Después, decide."

Un número de teléfono, una dirección y un nombre.

Ana Cecilia Mariani.

21

Modesto Sanjuán la vio entrar por la puerta de Acción de Ayuda Directa. La ONG estaba llena de vida. Dos personas, hombre y mujer, realizaban trabajos rutinarios, y una más, Begoña, telefoneaba.

-Hola, cariño, ¿cómo estás? -la saludó el hombre con ternura.

-Bien.

No lo parecía. ¿Cuánto hacía que no dormía? Desde luego el fin de semana había sido terrible. Con los papeles encima de su mesa, leyéndolos por segunda, por tercera, por cuarta vez...

¿Estaba bien?

Modesto Sanjuán no la creyó, pero no dijo nada. Cogió un paquete muy grande y se lo dio sin dejar de mirarla a los ojos.

-Es todo lo que hemos conseguido -dijo-.

-¿Te debo...?

-Nada, mujer, qué dices.

-Gracias, Modesto.

-Oye -la cogió de un brazo y la llevó al lugar más alejado de la oficina, aunque la oficina no era demasiado grande. Allí se sentaron.

-Cariño, ¿puedo hacerte una pregunta?

Sabía la pregunta y tenía miedo de la respuesta. Pero se la debía.

-Sí.

-¿Eres una de ellas? -señaló el paquete.

-No lo sé. No todo son abuelas o madres -sonrió sin saber qué otra cosa hacer-. A mí me está buscando una tía.

-¿Qué te ha dicho?

-Que mi madre murió en la Escuela de Mecánica de la Armada, torturada, después de darme a luz. Y mi padre fue echado al mar. Eso es lo que me ha dicho.

-¿Tus padres...?

-No puedo hablar con ellos de eso. Aún no.

-¿Por qué?

Estela le miró fijamente.

-Esa mujer dice que mi padre fue el hombre que torturó y mató a mi verdadera madre.

Modesto Sanjuán se quedó *pálido* de golpe.

-Dios mío... -dijo en voz muy baja.

Estela se puso en pie. No quería quedarse allí sentada, escuchando palabras de *consuelo*. Necesitaba seguir sola, o con Miguel. Nada más. Aunque Modesto fuese una de las mejores personas que conocía y le quisiera como a un hermano mayor.

-Ya te contaré -le dijo.

-Si necesitas algo... -intentó reaccionar él.

-Lo sé. Gracias.

Caminó hacia la puerta. Modesto Sanjuán la llamó por última vez.

pálido, con poco color, blanco
consuelo, cuando estamos muy tristes necesitamos consuelo, necesitamos palabras agradables para animarnos

-Estela.

-¿Sí?

-Suerte.

La iba a necesitar, así que también le agradeció eso.

22

Bebió del refresco y comenzó a mirar las fotocopias, entrevistas y demás documentación. Eran como el *dossier* que Ana Cecilia le había enviado dos días antes. En las denuncias siempre había una o más fotos arriba, a la derecha. Eran mujeres jóvenes, entre veinte y veinticinco años la mayoría. Allí se casaban antes, al menos en los años setenta. A veces también aparecía la fotografía del marido. Las descripciones eran siempre iguales: "aunque estaba embarazada de cinco meses, se llevaron a mi hija Esperanza diciendo que sólo sería un interrogatorio...", "la obligaron a vestirse y, como estaba sola, le dijeron que llevase su bebé, de tres semanas. Desde entonces nadie las ha vuelto a ver...".

En otro bloque de fotocopias se hablaba de los niños y niñas que habían encontrado a su verdadera familia desde que en 1983 había vuelto la democracia a Argentina. "Tras siete años de búsqueda, se han encontrado cinco niños desaparecidos"; "Una adolescente que tenía dudas sobre la identidad de sus padres adoptivos, encuentra por fin a sus abuelos"...

Pero lo peor fueron las hojas de periódico sobre la historia de Carla.

dossier, palabra de origen francés que significa documentación; por eso se escribe con dos eses

1 de marzo de 1992, *El País*.

Carla Artés, dieciséis años entonces. Ahora era una joven como ella misma. Desde niña dormía mal, veía lugares oscuros, oía gritos, golpes. Estaba medio *sorda* después de una *paliza* de su padre. Tanto él como ella, su madre, la golpeaban a menudo. Entonces no lo entendía. Ahora sí. Ahora sabía que, al pasar los años, ella se iba pareciendo más y más a su madre verdadera, a la que su padre adoptivo había torturado y matado. Los recuerdos no dejaban tranquilo al hombre y por eso *pegaba* a la niña. Una niña a la que llamaba "hija".

Un día, casi con diez años, la abuela de Carla apareció en televisión con una fotografía de Carla de pequeña. Carla, que veía la televisión en ese momento, se vio a sí misma. Era igual que las primeras fotos que tenía en su casa. Sus padres apagaron la televisión, pero ella ya había empezado a dudar. ¿Por qué no había fotos en su casa de cuando era más pequeña? Para su suerte, sus padres fueron detenidos finalmente. Después de la detención Carla conoció a su abuela, y desde entonces viven juntas y luchan juntas.

Para muchas abuelas y madres, e hijos e hijas de desaparecidos, ellas son un símbolo.

Carla decía *odiar* a sus padres adoptivos.

Odio.

Era imposible que la historia de Carla se pareciese a la suya. Imposible. Y sin embargo...

El País, periódico de Madrid; actualmente es el periódico español más vendido
sordo, que no puede oír
paliza, dar una paliza a alguien es golpearlo mucho (ver explicación en pág. 61)
pegar, dar golpes, maltratar
odiar, lo contrario que querer

¿Podía ella odiar a su padre y a su madre?

Nunca la habían pegado. Jamás. Su padre era serio, *malhumorado*, sólo eso. No, no tenía nada que ver.

Nada.

Después de un rato seguía allí, sentada, con la mirada fija en alguna parte y la mente llena de ideas *inquietantes*.

23

Se detuvo delante de la casa y entonces sintió que no tenía fuerzas.

No había ido para llamar a la puerta y entrar. Claro que no. Sólo quería ver, mirar...

Sólo eso...

Sólo...

Cerró los ojos, buscando un poco de calma.

¿A quién quería *engañar*?

¿Y por qué había ido sola? Necesitaba a Miguel.

Miró el edificio. Era una casa cualquiera de una calle cualquiera. No parecía una oficina.

Sólo una casa.

Comprobó la dirección escrita por Ana Cecilia Mariani. Y miró la nota.

"Llámame o ven. Tienes derecho a saber la verdad. Después, decide."

No, no quería llamar por teléfono. Estaba allí.

Pero no sabía qué hacer. Tenía miedo. Por eso per-

malhumorado, persona con mal carácter, que normalmente está de mal humor
inquietante, algo inquietante hace que no estemos tranquilos
engañar, no querer ver la verdad, no querer creer algo

maneció inmóvil, mirando la casa. Después echó a andar, pero no hacia la casa. Llegó a la esquina de la calle, y volvió a andar. Pasó de nuevo delante de la casa.

Podía haber llamado a la puerta, pero no lo había hecho.

Pero no fue necesario llamar.

La puerta se abrió y apareció Ana Cecilia Mariani, que debía de haberla visto desde una ventana.

La mujer no dijo nada, tampoco hizo nada. Sólo esperó.

Hasta que Estela se puso en movimiento y entró en la casa sin abrir la boca.

24

-¿Viste lo que te mandé? -dijo la mujer que decía ser su tía.

-Sí.

-¿Y bien?

-Nada. Sólo lo leí. Hoy he leído papeles y documentos que un amigo mío ha pedido a Amnistía Internacional.

-Eres igual que tu madre -Ana Cecilia Mariani sonrió con ternura.

-Por favor -Estela se levantó para que ella no siguiera hablando así.

-Lo siento -dijo la mujer-. Es que cuando te vi en aquella ONG…

Durante un momento estuvieron en silencio. Estela estaba ahora más calmada, sobre todo después de beber de un vaso de agua que estaba en la mesita que las separaba.

-Suponiendo que yo sea quien usted dice -dijo finalmente-, ¿cómo me ha encontrado?

-Armando Lavalle fue uno de los primeros en irse del país, y los que se marcharon primero fueron los más listos. Les fue más fácil borrar sus huellas...

-Mi padre tiene un negocio aquí, y nunca *se ha ocultado*.

Ana Cecilia notó con qué fuerza había dicho "mi padre".

-El negocio *está a nombre de* tu madre, Petra Puigbó.

-¡Ah!

No lo sabía.

-Como te dije, fue listo. *Falsificó* documentos y creímos que estaría en Chile, Brasil... Sólo cuando buscamos a los familiares empezamos a ir por el buen camino. Ya ves lo que he tardado en encontrarte.

-Ha encontrado a alguien que se parece a una foto, eso es todo.

El rostro de Ana Cecilia Mariani mostró cansancio.

-¿Por qué no quieres creer?

-¿Que por qué? -dijo Estela con los ojos muy grandes-. No la conozco de nada. ¿Qué espera? ¡Quiero a mis padres! Yo no soy como Carla Artés.

-¿Conoces su historia?

-La he leído hoy.

-Es una de las más famosas, y un ejemplo.

-A ella sus padres adoptivos le pegaban...

Tampoco sabía si eso cambiaba las cosas.

-¿Dónde está ella? -preguntó Estela de golpe.

ocultarse, esconderse, irse a un lugar donde es difícil que le encuentren
estar a nombre de, ser oficialmente quien tiene algo, en este caso el negocio
falsificar, crear documentos, billetes, etc. falsos (= no auténticos)

-¿Quién?

-Carlota, la madre de Graciela.

-Muerta.

Creía que seguiría en Argentina. Sintió dolor en su corazón.

-Sólo quedamos tú y yo, Estela -dijo con un hilo de voz la mujer-. No pude decírtelo el otro día porque te marchaste corriendo. Tu abuela murió hace tres años, y, antes de morir, le dije que te seguiría buscando. De la familia de tu padre, hijo único, no queda nadie.

Estela creyó que la mujer iba a echarse a llorar, y eso la hizo rebelarse por un momento.

-¡Pero yo no fui la única niña que nació a primeros de septiembre de 1978!

-¿Sabes? -dijo Ana Cecilia Mariani-. Es curioso. Hay decenas de chicos y chicas que ahora mismo están haciendo el camino en dirección contraria, que quieren saber quiénes son de verdad porque creen que en su pasado hay algo que no conocen, y tú, que tienes las pruebas delante...

-Yo no tengo ninguna prueba -insistió Estela.

-¿Te harías un análisis de sangre?

No hubo respuesta inmediata.

Tal vez ella no quisiera creer.

En ese momento se abrió la puerta de la calle y apareció una mujer. Sonrió al verlas.

-¿Cómo están? -preguntó la mujer con un claro acento argentino.

-Bien, Jacinta, bien.

-Las dejo hablar, no se preocupen.

-Gracias -dijo Ana Cecilia Mariani.

Volvieron a quedarse solas.

-Somos muchas personas -explicó Ana Cecilia-. No

nos conocemos, pero sabemos dónde estamos y nos ayudamos los unos a los otros. Ella se llama Jacinta y está casada con un catalán. Ella fue quien te encontró y por eso yo estoy aquí. Mira, no buscamos ya a los muertos. Buscamos a quienes ellos dejaron como recuerdo suyo.

-¿Ése es el único motivo?

-Sí. Ése y la verdad. Saber quién eres.

-¿No quiere que vuelva allí?

Ana Cecilia Mariani tardó un poco en responder.

-No, claro -respondió finalmente-. Tu vida está aquí, aunque me gustaría que visitaras las *tumbas* de tu abuela y de tu madre.

Ya no se enfadó. Ya no. Le daba igual la insistencia de la mujer.

Todo le daba igual.

No notaba su cuerpo ni su mente, así que mucho menos le importaba quién era. No en ese momento.

-¿Qué pasará… con él?

Ana Cecilia Mariani sabía de quién hablaba.

-Mató a tu…

-¿Qué pasará? -insistió Estela.

-Mi deber es denunciarlo -dijo la argentina sin dudarlo.

25

Marcó el número mientras Fina la miraba. Hacía rato que las dos ya no lloraban. Ahora se sentían en paz, una

tumba, lugar donde está un muerto, en la tierra
marcar, marcar un número de teléfono es llamar por teléfono

paz importante porque era la primera.

Al otro lado del teléfono oyó la voz llena de vida de Alexandra.

-¿Sí?

-Soy yo -dijo Estela.

-Ah.

Notó la desilusión de su hermana. Alexandra y sus chicos.

-¿Está mamá?

-Sí.

-Dile que *se ponga*.

-Vale.

La oyó dar uno de sus gritos. Luego unos segundos de silencio. Fina le cogió la mano libre.

-Tranquila -le dijo.

No pudo decirle nada a Fina porque entonces oyó la voz de Petra Puigbó.

-¿Estela?

-Estoy en casa de Fina, mamá -la informó rápido-. Llamaba para decirte que no voy a ir a dormir esta noche, que tenemos que estudiar y hemos decidido hacerlo juntas.

-Espera, espera…

-Vamos, mamá, ¿qué pasa?

-Es que…

-Oye, que voy a estudiar, ¿vale? Si me fuera de marcha, te lo diría igual. No tengo por qué decir lo que no es.

-Ya, pero tu padre… -la mujer no supo cómo acabar la frase.

-¡Eh, señora Lavalle, que si no aprobamos luego se enfadan ustedes! -gritó Fina al teléfono.

ponerse, ir al teléfono

-De acuerdo -acabó diciendo la madre-. Pero ya oirás mañana a tu padre.

-Un beso, mamá -comenzó a despedirse.

A través del teléfono pudo escuchar la voz de Alexandra, protestando.

-¿Que no viene? ¡*Qué morro*! ¡Claro, como es mayor...!

-¿Dónde dormirás? -insistió Petra Puigbó.

-Con Fina. Tiene otra cama en su cuarto. Adiós.

-Llama si...

-Adiós, mamá.

Colgó. Luego cerró los ojos.

No habría podido ir a su casa aquella noche. No habría podido mirarles a los ojos. Antes necesitaba saber algo.

Volvió a marcar un número. Fina seguía a su lado, inmóvil, mirándola fijamente, a la espera de su reacción.

-¿Sí? -escuchó la voz de Miguel.

-Soy yo -dijo Estela, feliz de encontrarle en casa-. Estoy en casa de Fina. Pasaré aquí la noche.

-¿Todo bien? -preguntó su novio preocupado.

-Estoy bien.

-¿Qué te ha dicho?

-Me ha dado un montón de información, nada más.

-Cariño...

-Todo *encaja*, pero aun así... no hay pruebas, ¿entiendes? Está la foto y nada más. Necesitaría comprobarlo

¡qué morro!, expresión coloquial que decimos cuando pensamos: "tú sí, ¿y yo?, ¿por qué yo no?"
colgar, terminar la llamada de teléfono y poner el teléfono otra vez en su sitio
encajar, por ej. las piezas de un puzzle (ver el dibujo en pág. 58) encajan

todo por mí misma. No puedo creer a la primera persona que me dice que mi padre...

-¿Qué te dice tu corazón?

-Nada -sonrió con tristeza-. No quiero creer, pero en mi interior hay un montón de voces que... esa sensación de...

-¿Qué vas a hacer?

-¿Puedes venir mañana a buscarme aquí, a casa de Fina? Te necesito.

-Claro. ¿A dónde quieres ir?

-A mi casa -le dijo directamente-. Y no quiero estar sola cuando...

-¿Cuándo qué?

-Mañana te lo contaré, ¿vale?

-Vale. Te quiero.

-Y yo a ti.

Sí, no quería ir sola.

26

Llevaban esperando cerca de veinte minutos. Estaban en silencio, mirando fijamente la puerta del edificio. No es que todo estuviese dicho, pero no servía de nada hablar siempre sobre lo mismo.

-¿Y si hoy no sale? -dijo Miguel.

-Lo hace todos los días, espera.

Fue una coincidencia, porque en ese momento la vieron en el portal.

Su madre.

Petra Puigbó saludó a una vecina y después siguió caminando hasta desaparecer. Estela todavía no se movió del coche.

Contó hasta diez.

-Vamos -dijo finalmente.

Salieron los dos del coche, entraron en el portal y subieron la escalera. En menos de un minuto estaban en el piso de los Lavalle. Sólo entonces Estela notó sus nervios.

-¿Por dónde empezamos? -preguntó Miguel.

-Si hay algo, sólo puede estar en la mesa de mi padre o en la habitación de ellos.

Primero fueron a la mesa de Armando Lavalle. Era una mesa de oficina en una habitación donde había otros muchos objetos. Su padre solía guardar allí papeles y cosas de su negocio. Los cajones no estaban cerrados.

-Tú mira esos cajones -dijo Estela.

Empezaron a abrirlos. No sabían exactamente qué buscaban. Lo único que pensaban era que, si lo encontraban, lo sabrían nada más verlo. En silencio miraron los cajones, pero no encontraron nada.

-Vamos a la habitación de mis padres -dijo Estela.

La habitación de sus padres tenía un armario de cuatro puertas y las dos mesitas de noche. Estela fue al armario, y Miguel a las mesitas. Comenzaron a mirar todo, con cuidado para que no se notara que alguien había estado buscando algo.

Estela abrió la segunda puerta, donde estaban los cajones del armario, y empezó por el de abajo.

Y en seguida vio la caja, *al fondo*.

La sacó y se sentó en el suelo. Tenía miedo de abrirla. Nunca la había visto antes y era la clásica caja en la que una persona guarda cosas. Miguel la miró.

al fondo, en la parte de atrás de un cajón

-¿Has encontrado algo?

-No lo sé.

Él se acercó y le pasó un brazo por los hombros.

Abrió la caja. Primero vio las fotografías. El álbum de fotos familiar estaba en un cajón de la sala, así que aquellas fotos... Comenzó a mirarlas, despacio. Su madre, en Argentina. Su padre, con otras personas desconocidas.

Su mano se quedó inmóvil.

No pudo respirar.

-¿Es... tu padre? -preguntó *débilmente* Miguel.

Estela *asintió* con la cabeza, sin poder hablar.

Era su padre, sí, más joven y vestido de uniforme.

Un uniforme del ejército.

-No entiendo mucho -dijo Miguel-, pero el uniforme como mínimo es de capitán.

-Dios mío -*susurró* Estela.

-Pero tú no lo viste nunca de uniforme cuando eras niña.

-Tal vez se lo quitara antes de llegar a casa, o puede que ya no fuera militar al final. No sé.

Terminó con las fotografías y empezó a abrir unas cajitas. Recuerdos, entradas de un teatro de Buenos Aires -el teatro y el día en el que, según su madre, su padre *se le había declarado*-, unas gafas rotas...

Quedaban los papeles.

Miró los primeros. Documentos de inmigración, *informes*... ninguno de su etapa argentina. El silencio

débilmente, sin fuerza, sin seguridad, en voz baja
asentir, decir sí
susurrar, hablar en voz muy baja
declararse, decir a alguien por primera vez que le queremos
informe, documento, papel

entre los dos era absoluto.

Y de pronto llegó el golpe.

Tenía ante sus ojos un informe médico de Armando Lavalle y Petra Puigbó de diciembre de 1977.

Al final, como si estuviese escrito en letras rojas, como si les estuviese llamando, se podía ver la prueba decisiva.

Un disparo en mitad de su mente.

-Dios... -*gimió* Estela.

Se llevó una mano a los labios.

-Tu madre era estéril -dijo Miguel en voz alta.

Estela empezó a llorar. Miguel la abrazó con más fuerza.

gemir, expresar dolor o ganas de llorar; por ejemplo los animales gimen en vez de llorar

-Es... verdad -dijo la muchacha-. Todo... es verdad.

-Pero no significa...

Ella lo miró entre las lágrimas.

-¿Es que... no te das cuenta?

-Te adoptaron, pero no significa que tu padre...

-Es algo más que eso -le detuvo Estela-. ¿No te das cuenta? Es algo más que eso.

Miguel pareció no entender.

-Mi hermana, Miguel -dijo su novia con un hilo de voz-. Mi hermana también es adoptada.

27

Habían pasado sólo unas horas, pero era como si hubiese pasado una vida entera.

Ya nada era igual.

Todo había cambiado.

Y ya no le quedaban lágrimas.

Miró su habitación. Y al mismo tiempo su vida pasaba delante de sus ojos. Se veía a sí misma, a Alexandra, y a sus... padres, en momentos concretos, felices, sonriendo. El día en el parque zoológico con su familia; el día en que Armando Lavalle tuvo su operación y, en el hospital, ella, con apenas diez años, le pidió a Dios que no se muriera; el día en que su madre...

Días y más días.

Una vida entera.

Recordó una mala película que había visto hacía poco tiempo. En ella, una mujer está muy enamorada de su marido. Un día el marido se enamoraba de otra, y la esposa le gritaba: "Te odio. Eres un hombre horrible. No sabes las ganas que tengo de matarte".

Se había preguntado cómo se podía querer primero y después odiar.

"Odio". Una palabra que nunca le había gustado.

Por eso ayudaba en una ONG. Por eso buscaba algo más en su vida.

Porque en la vida había demasiado odio.

Su madre verdadera, y su padre, muertos por ese odio.

Estela cerró los ojos.

Vio a su madre esposada, dándole la vida, con el cuerpo torturado, y aun así, dándole su amor. Y la vio gritar mientras se llevaban a su hija, a ella. La vio morir unos días después.

Vio todo eso y lo sintió.

Y aun así.

¿Cómo odiar?

Nunca lo había hecho.

Alguien la *había partido* en dos. Con un antes y un después.

Si pudiera irse unos días...

Escuchó la voz de su madre detrás de la puerta.

-¡Estela, a la mesa!

No había visto todavía a Armando Lavalle.

Diecinueve años, casi veinte, queriéndole.

-¿Estela? -insistió su madre.

-Sí, mamá. Ya voy.

Tenía que levantarse, salir, mirarles a los ojos, hablar.

No podía odiar.

Pero tampoco olvidar.

¿Y perdonar?

partir, dividir, separar en dos partes

Cuarta parte

CUARTO CRECIENTE

28

Le abrió la puerta la otra mujer, Jacinta. Su cara fue neutra, ni siquiera habló. Fue Estela la que lo hizo.

-¿Está Ana Cecilia?

-Sí, pasa.

Entró en la casa y se sentó en el mismo lugar que la primera vez. Apareció Ana Cecilia antes de que la mujer la llamara y, sin decir nada, las dejó solas.

Ana Cecilia también se sentó en el mismo sitio que dos días antes.

-¿Cómo estás?

-Bien -asintió la muchacha.

Los ojos de la hermana de Graciela Mariani estaban llenos de ternura y recuerdos.

-¿Has... hablado con ellos? -preguntó por fin.

-No.

Pareció desilusionarse, pero continuó mirándola fijamente.

-Mi madre es estéril -dijo Estela.

-¿Cómo?

-Encontré unos documentos médicos, de 1977. No podía tener hijos.

-Así que...

-Es verdad -confirmó Estela.

Ana Cecilia respiró por fin, agotada. Mucho más que encontrarla, el momento de la máxima tensión era aquél, el de la confirmación.

-Siento lo que estás pasando -dijo.

-Lo sé, tía.

Era la primera vez que la llamaba así, y Ana Cecilia se dio cuenta. Sus ojos apenas podían *contener* las lágrimas. También parecía querer levantarse y abrazarla, pero no lo hizo.

-¿Qué vas a hacer ahora? -preguntó.

-Aún no estoy segura, pero he venido a pedirte dos cosas. La primera, que confíes en mí.

-Claro -dijo Ana Cecilia sonriendo.

-Entonces dame unos días. Después volveré a verte, para hablar y empezar a conocernos. Bueno, si no tienes que volver inmediatamente a Buenos Aires.

-No, aún no. Puedo esperar.

-Bien -dijo Estela.

Y sonrió por primera vez.

-¿Y la segunda?

-Qué no le denuncies.

-¿Qué?

-Ya me has oído, tía. No quiero que le denuncies.

-Pero, mi niña, ese hombre mató…

-Es algo que todavía no sé -la interrumpió ella-, pero antes tengo que hablar con mi madre.

Era su madre. La única que había conocido, así que Ana Cecilia no la corrigió.

-Entonces, ¿lo haces por tu madre?

-No. Lo hago por mi hermana Alexandra.

Su tía pareció comprender de golpe.

-Si tu madre es estéril…

-Mi hermana también es hija de unos desaparecidos.

contener, aguantar, hacer que no salga algo, como las lágrimas

-Entonces encontraremos a su familia, seguro.

-No, tía -la detuvo Estela de nuevo-. Aún no lo entiendes, ¿verdad? No estamos hablando de mí, sino de ella. No quiero que lo sepa.

-¡Estela!

-Yo tengo diecinueve años y tengo a Miguel; mi hermana tiene dieciséis y está sola. Se cree una mujer, pero aún no lo es, en serio. Y además, aunque discuten mucho, adora a su padre. No podemos contárselo ahora. Todavía no, de verdad, tía, no ahora.

-¿Y si un día te lo *echa en cara*?

-Lo aceptaré. Pero sé que hago bien y, después de todo, sólo serán dos o tres años.

Ana Cecilia sonrió.

-La quieres mucho, ¿eh?

-Mucho, más que nunca. Te repito que hago esto por ella, y no dejaré de pensar en ella...

-Está bien, está bien -aceptó su tía.

Por fin pudo respirar.

-Gracias.

Parecía todo dicho, en ese instante parecía todo dicho.

-Estela -dijo Ana Cecilia Mariani-. ¿Puedo abrazarte?

Y Estela se puso de pie.

Ella también lo necesitaba.

Desde que había entrado en la casa.

echar en cara, acusar a alguien, decirle que tiene la culpa

29

Petra Puigbó estaba sentada, pero aún así *se derrumbó*.

Miró a su hija. Una mirada distinta, diferente a todas las que Estela recordaba en los ojos de su madre a lo largo de toda su vida.

La mirada del miedo.

-¿Cómo...?

-Una hermana de mi verdadera madre me ha encontrado.

-Dios, ¡Dios!

-Tranquila, ¿vale?

-Hija...

-Mamá: te quiero, eso no cambia nada.

La mujer empezó a llorar.

-Siempre... -Petra Puigbó apenas podía hablar-. Siempre supe que un día...

-¿Por qué no me lo dijiste antes?

-¿Crees que habría podido?

-No lo sé -reconoció Estela-. Pero no se puede huir toda la vida.

-Fue algo tan... natural.

-¿Natural? -la muchacha parecía no entender.

-Claro -su madre la miró con ternura-. Imagínate: yo no podía tener hijos, y era lo que más deseaba. Entonces, una noche, él apareció contigo en los brazos. Y eras la niña más guapa del mundo, Estela. Me dijo que tu madre había muerto nada más dar a luz y que ya eras nuestra. ¡Nuestra! Fue... tú no sabes lo que fuiste para mí en ese momento.

derrumbarse, caerse; por ej. un edificio se derrumba cuando sus fundamentos fallan

-¿No hiciste preguntas?

-¿Qué preguntas?

-¿Y Alexandra? ¿Otro *milagro*?

Fue como si recordara a su otra hija en ese momento.

-¿Se lo has dicho a ella?

-No, la quiero demasiado; todavía no.

-¿Todavía? -había miedo en su voz-. ¿Qué piensas hacer?

-Te lo diré después de hablar con él.

-Tu padre no...

-Es necesario, compréndelo. Ya no es tiempo de milagros, sino de realidades.

-Estela -parecía querer corregir a Estela-, eran días difíciles, eso es todo. Y tu padre estaba allí. Nunca te lo dije, pero antes de Alexandra tuviste un hermano.

-¿Cómo?

-Tenías un añito, y papá trajo a casa un niño. Lo malo es que se murió a las dos semanas. Después llegó Alexandra.

-¿Otra mujer muerta al dar a luz?

-Sí.

Miró a su madre con *estupefacción*. Había cerrado los ojos a la realidad. Así de simple. Ninguna pregunta. Y si sabía algo, había callado, entonces y durante los años siguientes.

Silencio.

Aunque eso estuviese *devorándola* por dentro.

A ella... y tal vez a él.

-¿Alguna vez le preguntaste?

milagro, algo sin explicación natural; por ejemplo Jesús hizo milagros
estupefacción, gran sorpresa
devorar, comer con muchas ganas, como los leones cuando comen carne

-Cuando me dijo que teníamos que huir, comprendí que... bueno, que algo de ilegal tuvo que haber en todo. Además, ya estaban las madres de la Plaza de Mayo, y después las abuelas. Pensé que alguien podía buscaros. Ése ha sido mi gran miedo desde entonces. Por eso entendí que debíamos huir. Por vosotras.

-¿No por él?

-No, ¿por qué? Él sólo estaba en el ejército, en transportes.

-¿No interrogaba a los detenidos?

-¡No!

Había horror en su rostro.

-Mamá, ¿cómo podía llegar a esas mujeres, cómo podía llevarse al hijo de una de ellas?

-Porque conocía a mucha gente.

Recordó el artículo que había leído, donde se decía que repartían los bebés como televisores. Tal vez fuese verdad.

-Tú hablas de las madres de la Plaza de Mayo. Eso significa que sabías que podíamos ser hijas de desaparecidas.

-Estela, por favor...

-Mamá, ya no sirven los "porfavores", es el momento de la verdad.

-Es que yo... no sé... no sé, de verdad.

-¿Lo *sospechabas*? ¿Lo sospechabas, mamá? -repitió Estela.

-¡Es posible! ¡Sí! ¡No lo sé! ¡No quería pensar en ello! Vivíamos ya aquí, y el pasado estaba muy lejos.

-Así que dejaste de pensar.

Petra Puigbó la miró con ojos llenos de lágrimas.

sospechar, dudar, creer que es posible

-Estela, ¿por qué me torturas de esta forma? ¡Eres nuestra hija! ¡Te queremos!

-Por eso estoy hablando contigo. Pero necesito saber más. Yo no quiero cerrar los ojos como hiciste tú.

-¿Qué más quieres saber?

-Quiero saber cómo me consiguió él.

No podía decir ya "papá".

-Mi madre biológica tenía veintitrés años, y luchaba por la libertad y los derechos humanos. Y quiero saber qué le hizo él.

-¡Estela! -el horror volvió a su rostro-. ¡Él no hizo nada!

-Torturaron y mataron a mi madre -ahora era ella la que casi no podía hablar-. Y hay gente que dice que él estaba allí.

-¡No! -fue más que un grito; algo se rompía dentro de ella-. ¡No! ¡No!

-Torturó a Graciela Mariani dos meses, me separó de ella después de dar a luz y luego la dejó morir.

-¡NO!

Y Petra Puigbó se echó a llorar, completamente rota.

30

Armando Lavalle estaba solo cuando ella entró en la sala. Su madre y Alexandra habían salido, y él leía el periódico.

Estela se detuvo ante él y esperó.

Tranquila.

El hombre levantó la cabeza y miró a su hija.

-Me voy -dijo Estela.

-Ah, bueno -volvió a mirar el periódico-. No vuelvas

tarde.

-No lo has entendido... -estuvo a punto de decir "papá"-. Me voy de casa. Con Miguel. Una hermana suya nos deja su casa seis meses.

-Estela, ¿de qué estás hablando? -su voz era fuerte; era la autoridad del padre.

-Lo sé todo, y es mejor así.

-¿Qué sabes qué?

-Graciela Mariani.

Fue como si le hubiese disparado. Como si le hubiese puesto una pistola entre los ojos y hubiese disparado.

Armando Lavalle se quedó blanco.

-¿Quién... dijiste?

-Graciela Mariani -repitió Estela-. Es el nombre de mi madre, detenida en 1978, embarazada de siete meses.

Lo dijo sin dudas, sin miedos, con naturalidad.

-Estela, hija -empezó a decir Armando Lavalle-. No sabes...

-Sí sé, al menos lo suficiente. Mi abuela murió, pero quedaba una tía. Ella me lo ha contado todo.

-¿Has creído lo primero que una desconocida te ha dicho?

-Por favor, por favor...

No fue una *súplica*, sólo una forma de pedirle *sinceridad*.

Armando Lavalle se puso en pie, difícilmente, y quiso abrazarla. Estela se alejó de forma instintiva. Y miró las manos.

Sus manos grandes, fuertes.

El hombre también se dio cuenta de ello.

súplica, petición; suplicar es pedir algo sin exigirlo
sinceridad, modo de expresarse sin engañar, diciendo la verdad

-Estela, no... yo no la maté -dijo Armando Lavalle-. Murió y tú estabas allí, nada más.

Se lo dijo muy despacio, muy despacio.

-Mi madre fue torturada dos meses, la llevaron a un hospital, me dio a luz esposada...

-¡Pero no fui yo! -gritó él-. ¡No fui yo, por Dios, Estelita!

-¿Estabas allí?

Fue como un golpe.

-Yo... no era nadie, *cumplía órdenes*.

-¿Estabas allí? -volvió a preguntar ella.

Armando Lavalle comenzaba a parecer un loco. Los ojos muy abiertos, las manos llenas de tensión. No respondió, ya no.

cumplir órdenes, entre los militares, hacer lo que un militar superior te dice

-La matasteis todos, ¿sabes? -dijo Estela sin perder su calma-. Todos, unos dando órdenes, otros cumpliéndolas, otros mirando, otros callando... ¿Qué importa? Probablemente fue una locura, pero existió, fue real. Quizás no la mataras, no la torturaras ni una sola vez, a lo mejor ni te reíste ni la odiaste, pero estabas allí y cogiste algo suyo -necesitó respirar profundamente-. Me pregunto cómo has podido aguantar todos estos años, recordándote a mi madre en todo, también en el carácter.

-¿Crees que pude olvidar?

Bajó la cabeza. Se había sentado y ahora también sus manos parecían muertas, a los dos lados de su cuerpo.

-No, no habrá sido fácil -reconoció Estela-. Sin embargo has sobrevivido, de la misma forma que yo voy a intentar sobrevivir con ello a partir de ahora.

-No te marches, por favor. ¿Tu madre...?

Sabía de cuál de las dos estaba hablando.

-Lo sabe todo.

-Dios... -dijo Armando Lavalle.

Quiso levantarse, pero no tenía fuerzas. Estela no sintió nada, tampoco odio. Nada. Sabía que sería así.

Los sentimientos aparecerían después.

-Te quiero, Estela -dijo en voz baja Armando Lavalle.

-Lo sé -reconoció ella.

No era Carla Artés. Nunca le pegaron ni torturaron ni...

-Siempre serás nuestra niña, ¿sabes?

No dijo nada.

Tampoco cuando él le suplicó:

-Perdónanos...

Y se echó a llorar.

Estela lo miró por última vez.

Luego salió de la habitación.

Nunca sería libre, pero al menos ahora podría vivir con su pasado.

31

Alexandra salió del portal con la última maleta. Miguel la ayudó y fue a meterla en el coche.

-¡Qué suerte!

Estela le sonrió.

-Bueno, tú te quedas con mi habitación, que es mayor, y con mi equipo de música… de momento.

-Sí, ya, pero tú te vas a vivir con él, ¡jo!

-Tú también lo harás algún día.

-¿Yo? ¡Ya quisiera! Aún no entiendo cómo te dejan marchar. ¿Seguro que no estás embarazada?

-¡No!

-¿Y no te echan de casa ni nada de eso?

-¡Que no!

-Pues no lo entiendo, qué quieres que te diga.

Miguel se acercó a ella.

-¿Hay algo más? -quiso saber.

-No, nada -le dijo Estela.

Volvió al coche para terminar de colocar las cosas.

-Estela -le dijo Alexandra en voz baja.

-¿Qué?

-Has discutido con él, ¿verdad?

-No.

-¿Entonces por qué no está aquí, por qué lloraba anoche mamá, por qué todo ha sido tan rápido? ¡Ya tengo dieciséis años, prácticamente diecisiete!

-Confía en mí. Eso es todo.

-Sí, claro, y ya está.

-Algún día tú también buscarás la memoria de los seres perdidos.

-¡Jo!, ¿quieres dejar de hablar como si esto fuese un libro de los que me hacen leer en el instituto?

Miguel llamó a su novia.

La hora.

Estela miró a su hermana menor.

-Te quiero -le dijo.

A Alexandra se le llenaron los ojos de lágrimas.

-Oye, que iré a verte todas las semanas, no creas.

-Ya lo sé.

-Tú también vendrás, ¿no?

No pensaba hacerlo. Pero siempre estaría ella, su madre. La única que había conocido. Así que comprendió que sí lo haría, cuando no estuviese él.

Luego, con el tiempo... cuando Alexandra supiese la verdad...

-Claro -respondió.

Se abrazaron fuertemente. Después Estela fue hacia el coche. Miguel tenía la puerta abierta, esperándola.

-¿Estás bien? -le preguntó él.

-Sí, pero vámonos rápido, por favor.

-Claro.

Estela miró a Alexandra, quieta en mitad de la acera.

La chica levantó una mano.

Parecía tan sola, diciéndole adiós...

Con su memoria todavía *intacta.*

O perdida.

-Allá vamos -oyó a Miguel.

Y supo que era así.

intacto, no tocado; es decir, su memoria todavía no está influida por esta historia

Ejercicios

1. Preguntas sobre el contenido

LUNA LLENA

1 ¿Cómo reaccionó la familia de Estela al conocer a Miguel?
2 ¿Por qué colabora Estela en la ONG Acción de Ayuda Directa?
3 ¿Dónde se conocieron los padres de Estela? ¿Por qué la madre no vivía entonces en Barcelona?
4 ¿Cuáles son las ideas políticas de Armando Lavalle?

CUARTO MENGUANTE

5 Estela habla con la desconocida. ¿Qué le cuenta la desconocida sobre su origen?
6 ¿Cómo terminaron sus vidas Graciela Mariani y Claudio Granados?
7 Después Estela habla con Modesto, y éste le habla de Argentina. ¿Quiénes son las madres y abuelas de la Plaza de Mayo?
8 Estela visita a su abuela y puede ver una carta. A pesar de la carta, ¿por qué sigue teniendo dudas sobre su origen?

LUNA NUEVA

9 ¿Cuál es la principal diferencia entre la historia de Carla Artés y la de Estela?
10 ¿Dónde está ahora la abuela argentina de Estela? ¿Tiene más familia en Argentina?
11 Miguel y Estela van a la casa de Estela y encuentran una prueba gracias a la cual Estela deja de tener dudas. ¿Cuál es esa prueba y qué significa esa prueba?

CUARTO CRECIENTE

12 ¿Por qué Estela no quiere denunciar a su padre adoptivo?

13 ¿Qué significa "cerrar los ojos a la realidad"? ¿Qué personaje ha "cerrado los ojos" durante años?
14 ¿Torturó y mató Armando Lavalle a la madre biológica de Estela? ¿Qué dice él y que dice Ana Cecilia Mariani? ¿Qué crees que piensa Estela?

2. La luna

Este libro tiene cuatro partes, y cada parte es una fase de la luna. ¿Qué relación hay entre estas fases de la luna y la historia de Estela?

Luna llena: ________________________________

Cuarto menguante: ________________________________

Luna nueva: ________________________________

Cuarto creciente: ________________________________

3. Dos hermanas diferentes

Busca adjetivos o expresiones adecuadas para cada una de las hermanas.

Estela	tiene novio pacifista inquieta adora a su padre quiere mucho a su hermana sale con muchos chicos le gusta la marcha diecinueve años tiene mucha fuerza y energía colabora en una ONG tranquila podrá ser actriz o modelo	Alexandra

Elige una de las dos hermanas y describe en un texto cómo es. Emplea las expresiones y palabras de más arriba y otras que recuerdes de lo que has leído.

4. Sólo cumplía órdenes

¿Qué piensas sobre los padres adoptivos de Estela? La madre cerró los ojos a la realidad y el padre dice que sólo cumplía órdenes. Escribe un diálogo entre ellos dos y Ana Cecilia Mariani. Los padres adoptivos defienden lo que hicieron, y Ana Cecilia dice que ellos formaron parte de la dictadura y que entre todos mataron a su hermana. Explica, a través del diálogo, qué es lo que tú piensas.

5. ¿Cómo vive ahora Estela?

Jordi Sierra i Fabra escribió esta novela en el año 1998. Desde entonces han pasado bastantes años. ¿Cómo crees que vive ahora Estela: se ha casado con Miguel, ha perdonado a su padre? Escribe un texto sobre su posible vida desde entonces.

6. La dictadura de los generales (1976-1983)

Completa el texto con las palabras adecuadas.

cárceles	democracia	desaparecidos	
general	golpe militar	Guerra	Plaza de Mayo
policía	protesta	represión	

A comienzos de 1976 en Argentina hubo un ________________. El ____________ Videla llegó al poder y comenzó así la dictadura militar, conocida como la dictadura de los generales. Hubo una fuerte ____________, con muchos muertos y desaparecidos. Muchos detenidos murieron en las ____________ o fueron echados al mar vivos, con las manos y los pies atados.

A finales de 1977 las primeras mujeres fueron a la ____________, delante de la Casa Rosada, donde está el gobierno argentino. Llevaban pañuelos blancos en la cabeza y las fotografías de sus hijos e hijas en las manos. Algunas ya sabían que sus hijas habían dado a luz en las cárceles. La ____________ las golpeaba y las echaba, pero ellas volvían y volvían, al principio todos los sábados, después todos los

jueves. Esas madres y abuelas fueron la primera voz de ___________ en Argentina.
En 1980 el general Viola siguió al general Videla. Ocho meses después llegó al poder el general Galtieri. Con él empezó la ___________ de las Malvinas, islas que los ingleses conocen como islas Falkland. Después de esta guerra contra el Reino Unido, que perdieron los argentinos, y después de un nuevo general, llegó la ___________. Su primer presidente fue, en 1983, Raúl Alfonsín.
Estos años seguramente fueron los años más negros de la historia argentina. El escritor Ernesto Sábato habla de unos 9.000 ___________.

7. ¿Existe Carla Artés realmente?
En el libro se dice que el 1 de marzo de 1992 en el periódico El País hubo una noticia sobre Carla Artés, cuyos padres adoptivos la golpeaban y le daban palizas.
¿Existió realmente? Busca información sobre ella en Internet y escribe la información nueva que encuentres, por ejemplo: ¿cómo se llamaba la madre biológica de Carla?

Ver más actividades en
www.easyreaders.eu

EASY READERS *Dinamarca*

ERNST KLETT SPRACHEN *Alemania*

ARCOBALENO *España*

LIBER *Suecia*

PRACTICUM EDUCATIEF BV. *Holanda*

EMC CORP. *EE.UU.*

EUROPEAN SCHOOLBOOKS PUBLISHING LTD. *Inglaterra*

WYDAWNICTWO LEKTORKLETT *Polonia*

KLETT KIADO KFT. *Hungría*

NÜANS PUBLISHING *Turquía*

ALLECTO LTD. *Estonia*

Véase lista completa de títulos en el interior de la contracubierta.
Esta edición ha sido resumida para hacerla de fácil lectura a los estudiantes de español.
Los textos, aunque simplificados, conservan el estilo y el espíritu del original.
En cuanto al vocabulario, las palabras que no tienen una alta frecuencia en el lenguaje o que son difíciles de comprender dentro del contexto en el que se encuentran, se explican por medio de dibujos o por definiciones en forma de notas a pie de página, escritas en español sencillo.
EASY READERS puede emplearse siempre en centros docentes, en el autoestudio o por el simple placer de leer.
EASY READERS existen también en alemán, inglés francés, italiano y ruso.

PUBLICADOS:
Miguel Buñuel: Las tres de la madrugada (A)
Francisco García Pavón: Los carros vacíos (A)
Homero Polar: El misterio del capirote asesino (A)
Lope de Rueda: Las aceitunas y otros pasos (A)
José María Sánchez-Silva: Marcelino pan y vino (A)
Jesús Fernández Santos: Muy lejos de Madrid/El primo Rafael (A)
Manuel L. Alonso: Las pelirrojas traen mala suerte (B)
Bernardo Atxaga: Lista de locos y otros alfabetos (B)
Pío Baroja: Las inquietudes de Shanti Andía (B)
Jesus Luis Martinez Carazo: El mal de Gutenberg (B)
Miguel Delibes: El príncipe destronado (B)
Jordi Sierra i Fabra: La música del viento (B)
Carmen Martín Gaite: Las ataduras (B)
Benito Pérez Galdós: Tristana (B)
Fernando Lalana: Amnesia (B)
Anónimo: Lazarillo de Tormes (B)
Francisco García Pavón: El carnaval (B)
Benjamín Prado: Raro (B)
Emili Teixidor: El crimen de la Hipotenusa (B)
Ignacio Aldecoa: Cuentos (C)
Blanca Álvarez: El curso en que me enamoré de ti (C)
Miguel Ángel Asturias: Leyendas de Guatemala (C)
Carmen Martín Gaite: Caperucita en Manhattan (C)
Don Juan Manuel: El Conde Lucanor (C)
Ana María Matute: Historias de la Artámila (C)
Juan José Millás: Papel mojado (C)
Francisco García Pavón: Las hermanas coloradas (C)
Ramón J. Sender: Réquiem por un campesino español (C)
Jordi Sierra i Fabra: La memoria de los seres perdidos (C)
Jordi Sierra i Fabra: Donde esté mi corazón (C)
Jorge Gomez Soto: Respirando cerca de mí (C)
Oriol Vergés: Un pueblo contra los Hamid (C)
Miguel de Cervantes: Don Quijote de la Mancha (Primera parte) (D)
Miguel de Cervantes: Don Quijote de la Mancha (Segunda parte) (D)

TEXTOS ORIGINALES COMPLETOS:
Carmen Martín Gaite: Lo que queda enterrado
Luis Mateo Díez: Tres Cuentos (D)